Joachim Körkel (Hrsg.)
Praxis der Rückfallbehandlung

B
K

Joachim Körkel (Hrsg.)

Praxis der Rückfallbehandlung

Ein Leitfaden für Berater, Therapeuten und ehrenamtliche Helfer

Blaukreuz-Verlag Wuppertal
Blaukreuz-Verlag Bern

Persönliche Daten des Herausgebers sowie der Autorinnen und Autoren
siehe Seiten 11 und 12.

Die Deutsche Bibliothek – CIP-Einheitsaufnahme

Praxis der Rückfallbehandlung : ein Leitfaden für Berater,
Therapeuten und ehrenamtliche Helfer / Joachim Körkel (Hrsg.). –
2. Aufl. – Wuppertal : Blaukreuz-Verl. ; Bern : Blaukreuz-Verl., 1998
  ISBN 3-89175-080-3 (Wuppertal)
  ISBN 3-85580-301-3 (Bern)

© 1991 by Blaukreuz-Verlag Wuppertal – 2. Auflage 1998
Umschlaggestaltung: Andreas Junge
Umschlag- und Innengrafiken: Dagmar Kühner
Satz: Blaukreuz-Verlag Wuppertal
Druck und Herstellung: St. Johannis-Druckerei, Lahr

ISBN 3 89175 080 3 Blaukreuz-Verlag Wuppertal
ISBN 3 85580 301 3 Blaukreuz-Verlag Bern

Inhaltsverzeichnis

Vorwort

Dieser Leitfaden wendet sich an alle, die ehren- oder hauptamtlich auf dem Gebiet der Suchthilfe tätig bzw. mit Suchtproblemen konfrontiert sind: in der Beratung, Therapie, Suchtkrankenhilfe, in der Medizin, im Pflegebereich und im Rechtswesen.

Darüber hinaus kann das Buch Teilnehmern an suchtbezogenen Aus- und Fortbildungen als Arbeitsgrundlage dienen.

Im Zentrum der Ausführungen steht der Alkoholrückfall. Sie werden jedoch unschwer erkennen, daß viele Anregungen dieses Buches für Sie auch dann von Nutzen sein können, wenn Sie mit Menschen arbeiten, die Probleme mit Medikamenten, Drogen, Essen oder Glücksspielen haben.

Was ist das Ziel dieses Buches?

Sie wissen, der Rückfall ist keine Seltenheit. Um so erstaunlicher, daß es bisher keine einzige ausführliche, praxisbezogene Veröffentlichung zu der Frage gibt, wie mit dem komplexen Phänomen des Rückfalls hilfreich umgegangen werden kann. Der vorliegende Leitfaden möchte dazu beitragen, diese Lücke zu schließen und Wege zu einer besonnenen, aufbauenden und zugleich offensiven Auseinandersetzung mit dem „Phantom Rückfall" aufzeigen.

Teile des Buches werden möglicherweise Ihre gewohnte Denkweise über Rückfälligkeit in Frage stellen und Sie mit neuen Überlegungen überraschen. Manche besorgte Stimme wird zu hören sein: Ist das nicht eine Einladung zum Rückfälligsein? Die Antwort lautet: Nein. Doch das bisherige Vorgehen erscheint ergänzungs- und zum Teil revisionsbedürftig. Und keineswegs war alles bisher Praktizierte falsch!

Wie ist das Buch aufgebaut?

Das erste Kapitel von Joachim Körkel möchte Ihnen den heutigen Stand der Rückfallforschung in kompakter und verständlicher Form nahebringen sowie Folgerungen für die Praxis der Suchtbehandlung aufzeigen.

Im zweiten Beitrag machen Uli Gehring und Sabine Herder deutlich, daß Rückfälle vermutlich auch an Ihnen als Helferin / Helfer nicht spurlos vorübergehen. Sie unterbreiten eine Reihe von Vorschlägen, wie Sie mit Rückfällen hilfreich umgehen können, ohne sich selbst dabei „runterziehen" zu lassen. Viele der Anregungen weisen über den „gesünderen" Umgang mit Rückfällen hinaus auf Möglichkeiten hin, Ihr eigenes Wohlergehen in der Suchtarbeit mehr im Blick zu behalten.

Der dritte Block gibt Hinweise zum Umgang mit Rückfälligkeit in ausgewählten Praxisfeldern: Rückfälle am Arbeitsplatz (Beiträge von Eberhard Dittmann und Alfred Möser sowie von Jürgen Fleck), Rückfälligkeit bei Patienten in der Praxis des niedergelassenen Arztes (Gernot Lauer), Rückfälle während einer stationären Therapie (Joachim Körkel) sowie Rückfälle bei Abhängigen mit unklarer Abstinenzmotivation bzw. -fähigkeit (Ralph Wohlfarth).

Jedes Kapitel ist für sich lesbar, keines baut auf einem anderen auf. Sie können sich also diejenigen Kapitel „herauspicken", die Sie besonders interessieren. Zentrale Aussagen sind durchgehend umrandet. Beispiele verdeutlichen die Ausführungen.

Ergänzend zu diesem Leitfaden ist soeben im Blaukreuz-Verlag ein Bändchen mit dem Titel *„Rückfall muß keine Katastrophe sein. Ein Leitfaden für Abhängige und Angehörige"* erschienen. Dieser Band hat zum Ziel, den Rückfall zu „entmystifizieren" und den Betroffenen konkrete Anregungen zur Vorbeugung und Bewältigung von Rückfällen zu geben. Diesen Leitfaden können Sie denjenigen Abhängigen und Angehörigen, mit denen Sie in einer Selbsthilfegruppe, Beratung oder Therapie zusammenarbeiten, als Lektüre zur Hand geben, um ihnen das Rückfallthema nahezubringen und es mit ihnen zu bearbeiten – auch dann, wenn kein akuter Rückfall vorliegt. Da die dort vermittelten „Botschaften" auch in diesem „Helferband" (ausführlicher) dargestellt und begründet werden, ergänzen sich beide Bände.

Abschließend ein Hinweis zum Sprachgebrauch. Es besteht die Schwierigkeit, beiden Geschlechtern sprachlich gerecht zu werden. Wendungen wie „Beraterinnen / Berater" usw. machen die Darstellung mit der Zeit sehr schwerfällig. Der Einfachheit wegen wird *als Gattungsbegriff* meist der „männliche Sprachstil" gewählt. Es wird also etwa von „dem Berater" gesprochen. Gemeint sind selbstverständlich *in jedem Falle* Männer *und* Frauen.

Danken möchte ich zum Abschluß zunächst der Autorin und den Autoren, die ihre langjährigen Erfahrungen im Umgang mit Sucht und Rückfall hiermit einer größeren Öffentlichkeit zugänglich gemacht haben. Dagmar Kühner hat durch ihre Grafiken, die Sie auf der Titelseite und an verschiedenen anderen Stellen des Buches vorfinden, beide Bände gestalterisch bereichert. Ein herzliches Dankeschön geht schließlich an Herrn Westmeier und Herrn Balkenhol sowie ihre Mitarbeiterinnen und Mitarbeiter vom Blaukreuz-Verlag Wuppertal, die mit Ruhe, Geduld und Entgegenkommen die Herausgabe auch dieses Buches gefördert haben.

Nürnberg, im April 1991   Joachim Körkel

Zu den Autorinnen und Autoren

DITTMANN, EBERHARD, *1953, Dipl.-Psych., Klinischer Psychologe/Psychotherapeut BDP (Gesprächs-, Gestalt- und systemische Familientherapie), vorher Ingenieur (grad.) und Mechaniker. – 1984-1989 leitende Stellung in einer Fachklinik für Abhängigkeitserkrankungen. Seit 1989 freiberuflich tätig in einer Unternehmensberatung sowie als Psychotherapeut und Supervisor. Spezielle Interessengebiete: Suchtverhalten in der Arbeitswelt, Sozialmanagement.
Anschrift: Hanauer Straße 29, 61118 Bad Vilbel

FLECK, JÜRGEN, *1943, Dr. jur. Rechtsanwalt und Notar. Dozent für Bürgerliches, Handels- und Arbeitsrecht. Mitarbeiter in der Leitung des Arbeitskreises für Rechtsfragen bei der Landesstelle gegen die Suchtgefahren Berlin e.V.
Anschrift: Kaiserdamm 15, 14057 Berlin

GEHRING, ULI, *1958, Dipl.-Psych. Freiberuflicher Gruppentrainer, Lehrbeauftragter der Fachhochschule des Bundes für Verwaltung in Mannheim, zuvor wissenschaftlicher Mitarbeiter am Psychologischen Institut der Universität Heidelberg. – Arbeitsschwerpunkte: Kommunikationstraining, Burnoutprophylaxe, psychische Auswirkungen von Arbeitslosigkeit. Forschung und Publikationen zum Thema „Auswirkungen von Klientenrückfällen auf Suchthelfer".
Anschrift: Köhlerwaldweg 38, 69259 Wilhelmsfeld

HERDER, SABINE, *1958, Dipl.-Psych., Klinische Psychologin/Psychotherapeutin BDP. Abgeschlossene Ausbildung in Gestalttherapie. – Von 1984 bis 1989 Therapeutin in einer Fachklinik für Alkohol- und Medikamentenabhängige. Freiberuflich tätig als Psychotherapeutin, Supervisorin und Trainerin in Schulungsmaßnahmen zur Suchtproblematik. Psychologin in Kinderheimen der Stadt Frankfurt. Interessenschwerpunkte: Psychohygiene von Helferinnen und Helfern, Eßstörungen, Organisationsberatung.
Anschrift: Martin-Reck-Straße 20, 61118 Bad Vilbel

KÖRKEL, JOACHIM, *1954, Dr. phil., Dipl.-Psych., Klinischer Psychologe/Psychotherapeut BDP, Gestalttherapeut (IGW). – Von 1984 bis 1988 Leiter der Psychotherapie in einer Fachklinik für Alkohol- und Medikamentenabhängige. Seit 1988 Professor für Psychologie an der Evangelischen Stiftungsfachhochschule Nürnberg. Derzeitige Arbeitsschwerpunkte: Rückfälle im menschlichen Lebenslauf, Sozialmanagement, Burnout.
Anschrift: Evangelische Stiftungsfachhochschule Nürnberg, Studiengang Sozialwesen, Burgschmietstraße 10, 90419 Nürnberg

KÜHNER, DAGMAR, *1965, Grafikerin. – Arbeitsschwerpunkt im illustrativen Bereich.
Anschrift: Waltherstraße 1, 90423 Nürnberg

LAUER, GERNOT, *1955, Arzt, Dipl.-Psych.; Ausbildung in Gesprächspsychotherapie und Verhaltenstherapie, Weiterbildung in Psychoanalyse. – Von 1987 bis 1990 Arzt an der Psychiatrischen Universitätsklinik Heidelberg (Leitung: Prof. Dr. Ch. Mundt). Seit 1990 Assistent an der Medizinischen Universitätsklinik Heidelberg, Abteilung für innere Medizin und Psychosomatik (Leitung: Prof. Dr. P. Hahn). Interessen-, Arbeits- und Forschungsschwerpunkte: Alkoholismus, Anorexia Nervosa, Depression, Lebensqualität chronisch psychisch Kranker, Psychosomatik.
Anschrift: Medizinische Universitätsklinik, Station AKM, Bergheimer Straße 58, 69115 Heidelberg

MÖSER, ALFRED, *1955, Diplom-Sozialarbeiter, Sozialtherapeut (GVS). – Mehrjährige Tätigkeit als Gruppentherapeut in einer Fachklinik für Abhängigkeitserkrankungen. Seit 1988 Leiter der Personalberatungsstelle der Stadt Frankfurt a. M. Lehrbeauftragter der Fachhochschule Frankfurt a. M., Fachbereich Sozialarbeit. Arbeitsschwerpunkte: Sucht- und Sozialberatung, Führungskräfteschulungen über Suchtverhalten am Arbeitsplatz.
Anschrift: Personalberatungsstelle der Stadt Frankfurt a. M., Kurt-Schumacher-Straße 41, 60311 Frankfurt a. M.

WOHLFARTH, RALPH, *1950, Dipl.-Psych., Klinischer Psychologe/ Psychotherapeut BDP. Fortbildung in analytischen Therapieverfahren, in Ausbildung zum Psychoanalytiker (DPV). Nach langjähriger Arbeit im Suchtbereich derzeit an einem psychiatrischen Krankenhaus tätig.
Anschrift: Bruchstraße 9, 35390 Gießen

12

I. Grundlegende Ergebnisse und Überlegungen für ein neues Verständnis von Rückfällen

Joachim Körkel

Inhaltsübersicht

13

Vor etwa zehn Jahren gab es noch so gut wie keine Untersuchungsergebnisse über Rückfälligkeit. Die Rückfallforschung steckt auch heute noch „in den Kinderschuhen". Es liegt jedoch inzwischen eine Reihe von recht gut abgesicherten Ergebnissen zu Häufigkeit, Verlauf, Entstehungsbedingungen, Folgen und Maßnahmen zur Vorbeugung von Rückfällen vor. Es ist von großer Bedeutung, diese Ergebnisse zur Kenntnis zu nehmen, weil Rückfälle dadurch in einem neuen Licht erscheinen und manche zweifelhafte Gewißheiten über Rückfälligkeit ins Schwanken geraten.

In diesem Kapitel werden die wichtigsten Ergebnisse der Rückfallforschung in allgemeinverständlicher Form zusammengestellt und einige Folgerungen für die Praxis aufgezeigt.[1] Zur Veranschaulichung wird des öfteren auf Fallbeispiele zurückgegriffen. Die zentralen Gedankengänge werden abschließend in Form von 17 „Botschaften" zusammengestellt.

1. Rückfälle sind - zumindest langfristig - die Regel und nicht die Ausnahme

Vier Jahre nach Ende einer stationären Therapie (auch „Entwöhnungsbehandlung" oder „Kur" genannt) haben mehr als 54 Prozent der Alkoholabhängigen erneut Alkohol konsumiert. Zu diesem Ergebnis kommt die Vier-Jahres-Studie des Max-Planck-Instituts für Psychiatrie in München (Küfner und Feuerlein 1989). In dieser Studie wurden die Arbeitsweise und die Ergebnisse von 21 bundesdeutschen stationären Therapieeinrichtungen untersucht. Daraus folgt:

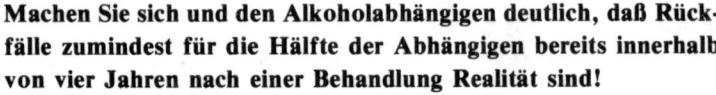

Machen Sie sich und den Alkoholabhängigen deutlich, daß Rückfälle zumindest für die Hälfte der Abhängigen bereits innerhalb von vier Jahren nach einer Behandlung Realität sind!

Es liegt natürlich auf der Hand, daß mit fortschreitender Zeit immer mehr der zuvor „Trockenen" (Abstinenten) die Erfahrung eines Rück-

---

[1] Eine ausführliche Übersicht über diese Ergebnisse finden Sie in: *Körkel, J. (Hrsg.) (1988). Der Rückfall des Suchtkranken – Flucht in die Sucht?* Berlin, Heidelberg: Springer.

falls machen. Dies unterstreicht, daß Rückfälle langfristig gesehen die Regel und nicht die Ausnahme sind.

Getrennt nach Geschlechtern betrachtet, haben eineinhalb Jahre nach Therapieende bereits 53 Prozent der Alkoholikerinnen Rückfallerfahrungen gesammelt, während von den Männern erst vier Jahre nach Therapieende in etwa soviele (nämlich 51 Prozent) rückfällig sind. Deshalb ist zu schließen:

Frauen werden schneller rückfällig als Männer.

Die Gründe für diese geschlechtsspezifische Rückfallentwicklung liegen noch weitgehend im Dunkeln. Die häufige Mehrfachabhängigkeit von Frauen (alkohol- *und* medikamentenabhängig), die geringere Teilnahme von Frauen an Nachsorgemaßnahmen bzw. unzureichende/fehlende frauenspezifische Nachsorgeangebote sind einige plausible Hintergründe.

Im Alltag der Suchtbehandlung wird entgegen diesen Tatsachen manchmal der Eindruck vermittelt, als sei der Rückfall die Ausnahme. Dieses Denken kann das häufig verwendete V-Schema nahelegen (Abbildung 1).

Wer nur das V-Schema auf sich wirkeln läßt, dem legt sich folgende Vermutung nahe: Bis zum vollständigen Eingestehen der eigenen Niederlage und Machtlosigkeit gegenüber dem Alkohol geht es bergab, mit dem Willen zur Veränderung steil bergauf. Dies ist – wie wir gesehen haben – bereits nach wenigen Jahren für die Mehrzahl der Abhängigen eine Illusion! Daher ist es *unabdingbar, das* Schema nicht ohne den erläuternden Zusatz zu sehen: „Ein Ausstieg ist an jedem Punkt möglich, Rückschritte beim Genesungsprozeß kommen vor, führen jedoch nicht zwangsläufig auf den Nullpunkt zurück." Das V-Schema charakterisiert einen Idealverlauf, der in der Realität eher selten anzutreffen ist. Der Rückfall und damit eine Unterbrechung des Aufwärtstrends ist in der vereinfachten schematischen Darstellung nicht vorgesehen.

Man kann daher so weit gehen, die oberflächliche Verwendung des V-Schemas als schädlich anzusehen, da dadurch unrealistische Erwartungen hervorgerufen und Enttäuschung, Schuldgefühle und Resignation vorprogrammiert werden. Derartige V-Schemata legen dem Rückfälligen nämlich nahe, seinen Rückfall als Rückschritt (Zerstörung der Heilung) und als Versagen zu verbuchen.

15

Abhängiger

Prodromalphase

- Gelegentliches, aber zunehmendes Erleichterungstrinken
- In Gesellschaft häufig unterhaltend, spritzig, charmant
- Regelmäßiges Trinken und Steigerung der Trinkmenge
- Vorsätze, mit dem Trinken aufzuhören oder es noch besser zu kontrollieren, werden häufiger gebrochen
- Schamgefühle, weil man versagt hat, Schuld dafür wird bei anderen gesucht
- Leugnen von exzessivem Trinken
- Erste Erinnerungslücken
- Häufiger Kontrollverlust
- Häufiger Stimmungswandel
- Unberechenbare Großzügigkeit
- Vermeiden von Gesprächen über Alkohol
- Finden von Entschuldigungen für Versagen
- Zunehmende Unzuverlässigkeit
- Verlust von Interessen

akute Phase

- Gedanken kreisen häufiger um Alkohol
- Allgemeine Vernachlässigung (z. B. Ernährung, Kleidung, Hygiene)
- Aggressives Verhalten gegen Partner / Kinder
- Suchen neuer Trinkpartner
- Flucht vor Gesprächen über Alkohol
- Serviles Verhalten am Arbeitsplatz
- Geldsorgen – dennoch spontane überdimensionierte Geschenke für den Partner oder die Kinder, um Aggressionen vorzubeugen

chronische Phase

- Zunehmende Schwierigkeiten am Arbeitsplatz
- Führerscheinverlust
- Zunehmende Wesensveränderung
- Die Alkoholalibis und Erklärungssysteme brechen zusammen
- Die Machtlosigkeit gegenüber dem Alkohol wird geahnt und schließlich zugegeben
- Die vollständige Niederlage wird zugegeben

Mitbetroffener

- Erste Ahnungen, daß der Partner anders trinkt
- Problematischer Umgang mit Alkohol ist hin und wieder Gesprächsthema
- Ermahnungen, sich doch bitte zusammenzunehmen, werden vom Partner als Nörgelei und Kritiksucht abgetan
- Übernahme von Verantwortung bei alkoholbedingten Schwierigkeiten
- Entschuldigungen und Ausreden für den Partner
- Gespräche über Alkohol werden durch Kritik und Mißachtung zunehmend vergiftet
- Zweifel an der eigenen Beobachtungsgabe, Unsicherheit in der Beurteilung des Partners
- Gefühl der Angst und Spannung vor unerwarteten Ereignissen steigt
- Zeitweise Hoffnung, daß bald alles wieder so sein wird wie früher
- Verstärkte Hilfeversuche
- Tiefe Mutlosigkeit und Ohnmachtsgefühle bei Rückfällen
- Körperliche und psychische Beschwerden nehmen zu, manchmal verbunden mit Mißbrauch von Beruhigungs- und Schlafmitteln
- Todeswünsche („Wenn er / sie doch nur mal gegen einen Baum fahren würde!")
- Tiefe Verzweiflung, Resignatio⟨...⟩
- Drohungen – ohne Konsequenzen zu ziehen
- Absagen aller sozialen An⟨...⟩se, zunehmende familiäre Isolation
- Zuteilung von Alko⟨...⟩horationen und Ausgießen voller Flaschen
- Angst vor Aggressionen
- Geldsorgen
- Erkennen des Partne⟨...⟩
- Erste V⟨...⟩ eine selt⟨...⟩ delnde werd⟨...⟩

Aus drucktechnischen Gründen mußte dieses Schema leider in der Mitte getrennt werden. Wir senden auf Anforderung (Best.-Nr. 2121 F) diese Verlaufskurve in DIN A 4 gern als Einzelexemplar zu.

Erläuterungen zu dem Schaubild

Beide Seiten sind in Pfeilrichtung zu lesen

Mit diesem Schaubild wird eine komplizierte Entwicklung in stark vereinfachter Form dargestellt. Die einzelnen Schritte müssen nicht zwangsläufig in der beschriebenen Reihenfolge ablaufen. Ein Ausstieg ist an jedem Punkt möglich, Rückschritte beim Genesungsprozeß kommen vor, führen jedoch nicht zwangsläufig auf den Nullpunkt zurück.
Das Schaubild soll vor allem deutlich machen, daß eine Abhängigkeit nicht auf den einzelnen beschränkt bleibt, sondern daß die Beziehungen zueinander davon betroffen sind. Verhaltensweisen können sich gegenseitig ergänzen und verstärken. Das Schaubild soll das Miteinander, Nebeneinander und Gegeneinander des Abhängigen und des Mitbetroffenen deutlich machen. Unter „Mitbetroffene" sind Eltern, Ehepartner, Kinder, Freunde, Kollegen und Vorgesetzte – also das gesamte soziale Umfeld – zu verstehen.

Zusammenbruch

...kheit und Genesung ...igen und ...ffenen

Zufriedene alkoholfreie Lebensweise öffnet den Weg zu einem sinnvollen und sinnerfüllten Leben. Er führt über die früheren Möglichkeiten hinaus.

- Wieder gemeinsames Tragen von Verantwortung
- Verwirklichung von Wünschen
- Persönlichkeitsentwicklung
- Langsamer Aufbau erträglicher Familienverhältnisse
- Gespräche über eine gemeinsame Zukunft
- Gemeinsamer Besuch einer Selbsthilfe-/Abstinenzgruppe
- Behutsames Aufeinander-Zugehen,
  Überwindung sexueller Frustration
- Aufbau einer neuen, gemeinsamen Lebensführung beginnt

jetzt fließen beide Linien zusammen

Readaptionszeit

Mitbetroffener   Abhängiger

- Bemerken, daß die Stimmungslage der Familie nicht unbedingt dem Alkoholabhängigen unterworfen werden muß
- Aggressivität gegenüber dem Partner, der (wieder) mehr und mehr selbständig wird
- Seelischer und körperlicher Zusammenbruch sind möglich
- Der eigene Umgang mit Alkohol wird zum Problem
- Kompetenzschwierigkeiten in der Familie und über neue Rollen
- Anerkennung für Durchgestandenes wird erwartet
- Lob für Abstinenzleistung des Partners wird als eigene Kränkung empfunden
- Irritiert durch Unverständnis der Umwelt
- Mißtrauen zum Partner
  Erkennen der eigenen Rolle
  Gruppenbesuch ohne Über...ng
  ...e nach Ansprechpartnern
  ...ung läßt nicht nach
  ...l am Therapieerfolg,
  ...t auf Therapeuten
  ...ende Haltung, Tren-
  ...anken halten an
  ...versteht, daß
  ...em Abhängi-
  ...steht
  ...Probleme
  ...en kann
  ...ieder
  ...n-

- Schritte zur wirtschaftlichen Stabilisierung werden unternommen
- Ideale entstehen neu
- Verantwortung wird wieder übernommen
- Kreis beständiger Freundschaften bildet sich
- Frühere und neue Interessen werden geweckt
- Positives Körpergefühl, natürliche Entspannung und Schlaf
- Einstellung auf die Bedürfnisse der Familie/des Partners
- Selbstachtung kehrt langsam zurück
- Gefährdung durch mangelnde Gemeinsamkeit der Partner
- Angst vor der Zukunft nimmt ab
- Möglichkeit der neuen Lebensweise wird anerkannt
- Anschluß an eine Selbsthilfe-/Abstinenzgruppe
- Beginn neuer Hoffnung, Aufarbeitung von Defiziten, Bestandsaufnahme
- Das richtige Denken beginnt wieder, es besteht der erklärte Wunsch nach Hilfe
- Beginn der Abstinenz/Einleitung von Therapiemaßnahmen
- Besuch einer Gruppe/Beratungsstelle

Labilitätszeit

Aufhellungszeit

Rehabilitation

Durch das Schaubild wird auch deutlich, daß der Angehörige erst dann hilfreich wirken kann, wenn er sich nicht mehr nach außen krampfhaft um Harmonie und Ausgleich bemüht, sondern als selbständige Person handelt. Erst bei Eintritt in die Alkoholabstinenz und dem Ausstieg aus der ,,Co-Alkoholiker''-Rolle des Mitbetroffenen ist eine beiderseitige positive Entwicklung zu selbständigen Persönlichkei-

ten möglich. Diese Entwicklung verläuft beim Abhängigen und Angehörigen verschiedenartig. Die dargestellte Entwicklung zeigt als positive Lösung eine neue gemeinsame Lebensform als Ziel der Entwöhnungs- und Familienbehandlung. Andere Wege und Lösungen sind denkbar und möglich. Bei Abhängigkeiten von anderen Suchtmitteln kann der Verlauf ähnlich sein.

Rechte und Bezugsquellen:
Blaukreuz-Verlag Wuppertal, Postfach 20 16 10, 5600 Wuppertal 2
Blaukreuz-Verlag Bern, Postfach 13 96, CH-3001 Bern
Neuland Verlagsgesellschaft mbH, Adenauerallee 45, 2000 Hamburg 1

Die vorherigen Überlegungen münden in folgender Konsequenz:

> **Wenn die Mehrzahl der stationär behandelten Alkoholabhängigen rückfällig wird, dann ist es notwendig, das Thema „Rückfall" gebührend in die Behandlung einzubeziehen. Ansonsten ist die Gefahr groß, daß der Rückfall Abhängige unvorbereitet trifft und diese deshalb um so massiver mit Enttäuschung, Schuldgefühlen, Resignation und Orientierungslosigkeit darauf reagieren.**

Abschnitt 2. wird zeigen, daß Rückfälle nicht nach dem gleichen Muster verlaufen.

2. Rückfall ist nicht gleich Rückfall

Die folgenden Kurzbeschreibungen von Rückfällen sollen anschaulich vor Augen führen, wie verschiedenartig Rückfälle verlaufen können.

Beispiel 1: Der „schwere Rückfall". *Susanne M. ist 42 Jahre alt, alkohol- und medikamentenabhängig, verheiratet und im Büro einer Designer-Firma tätig. Während ihrer stationären Entwöhnungsbehandlung hat sie Mut, Zuversicht und vor allem viel Selbstsicherheit „getankt". Sie fühlte sich bestens für ihren Lebensalltag nach der Entlassung gerüstet. Dann traf es sie härter, als sie es sich vorstellen konnte: Der Ehemann reagierte nach ihrer Rückkehr aus der Therapie ziemlich desinteressiert; eine Kündigung ihres Arbeitgebers ist ihr „zu ihrer Begrüßung" ins Haus geflattert (man wollte sie während der Therapie nicht auch noch damit belasten); ihr Aktivitätsdrang, den sie in der Klinik so deutlich verspürte, verpuffte im Alltag recht schnell.*

Eines Abends, in eher gleichgültig-apathischer Stimmung, griff Susanne M. wieder zu „ihrem Cognac". Es sollte nicht dabei bleiben: Binnen drei Monaten „hing sie noch stärker an der Flasche" als in der Zeit vor ihrer Behandlung - und sie schaffte den Absprung nicht mehr. Sie brauchte ihren Alkohol fortan wieder, um ihr morgendliches Zittern abzustellen und „in Schwung zu kommen", um sich einen Ruck für den unangenehmen Besuch bei den Schwiegereltern zu geben usw.

In diesem Beispiel wird ein „*schwerer Rückfall*" (alternative Begriffe: „massiver", „ausgewachsener" oder „anhaltender Rückfall") geschildert: Es bleibt nicht beim „ersten Glas". Susanne M. trinkt wie in alten Zeiten, und es kommt zu körperlichen Entzugserscheinungen (morgendliches Trinken, Zittern, Schweißausbrüche, Schlafbeschwerden usw.).

Beispiel 2: Der „Ausrutscher". *Günter M., 53 Jahre alt, war ein „alter Fuchs" in der Selbsthilfegruppe: Er wußte um alle „Geschichtchen", die man sich als Ausreden einfallen läßt, um seinen Rückfall zu rechtfertigen. Er wußte von typischen Rückfallgefahren und was man dagegen tun konnte. Kurzum: Ein Rückfall kam für ihn nicht in Frage.*

Günter M. fühlte sich im Herbst des Jahres ziemlich bedrückt. Ohne erfindlichen Grund fehlte ihm der Elan in seinem Lebensalltag. Mit Kleinigkeiten tat er sich schwer, auf kleine Meinungsverschiedenheiten reagierte er sehr empfindlich. So ging er auch eher unwillig zur diesjährigen Weihnachtsfeier seines Vereins. Es kam jedoch anders, als er gedacht hatte: Mit vielen Vereinskollegen kam er gut ins Gespräch, recht schnell entstand eine vergnügte Stimmung, und er war ausgelassen wie Monate zuvor nicht mehr. Später an der Bar, als alle mit ihrem Glas Sekt anstießen, war es soweit: Auch Günter M. ließ sich ein Gläschen rüberreichen und trank es, ohne daß diesmal die „Alarmglocke" funktionierte. Kurz nachdem er es getrunken hatte, fingen die Selbstvorwürfe an: „Was hast du da gemacht?!" Er geriet in leichte Panik. Seine Stimmung sank auf den Nullpunkt. Zermürbt trat er den Nachhauseweg an.

Noch in dieser Nacht rief er - auf ausdrückliches Anraten seiner Ehefrau - einen Freund aus der Selbsthilfegruppe an und erzählte ihm den Vorfall, obwohl es ihm äußerst peinlich war und er vor Scham hätte in den Boden versinken können. Vom Freund ermutigt, brachte er dieses Ereignis dann am nächsten Tag in seine Gruppe ein. Ergebnis: Es war und blieb ein „heilsamer Schock" für ihn! Bis heute rührte er keinen Tropfen mehr an. Er war bei zukünftigen Feiern ein „gebranntes Kind" und verhielt sich um so vorsichtiger.

Ein Beispiel für einen „*Ausrutscher*" (oder auch: „Fehltritt", „episodischen" bzw. „kurzzeitigen Rückfall"): Es bleibt beim Anfangsstadium des Wiedertrinkens. Herr M. spricht dem Alkohol nicht in dem Ausmaß wie früher zu, das Glas Sekt führt nicht zum Verlangen nach mehr Alkohol und folglich auch nicht zu Trunkenheit und Entzugserscheinungen. Glücklicherweise ging die „Warnlampe" früh genug an. Zudem waren die Freunde aus seiner Selbsthilfegruppe ein Rückhalt für ihn, und es entstand nicht die Illusion, daß er vielleicht doch kontrolliert trinken könne.

Beispiel 3: Der „trockene Rückfall". *Franz M. ist 32 Jahre alt, von Beruf Metallarbeiter. Er wurde vor drei Jahren geschieden (die beiden Kinder aus erster Ehe leben bei seiner früheren Frau) und ist inzwischen* *wieder verheiratet. Aufgrund alkoholbedingter Schwierigkeiten am Arbeitsplatz hat er sich auf energisches Drängen seines Vorgesetzten und seiner Ehefrau in eine stationäre Entwöhnungsbehandlung begeben. Diese Behandlung ging er zunächst „locker an". Er machte bei allem mit, ohne wirklich innerlich dabei zu sein. Es war für ihn wie ein verlängerter Urlaub. Mit den anderen „Jungs" kam er gut klar, und er genoß die Sonne im Liegestuhl.*

Ein Umbruch kam für ihn mit dem Angehörigenseminar in der Klinik. Aus seiner Ehefrau, die daran teilnahm, brachen während dieser Tage der ganze Kummer und das mit ihm erlebte Leid heraus. Zum ersten Mal während der Therapie war Herr M. aus dem Gleichgewicht gebracht.

Das führte dazu, daß er in der Folgezeit die Dinge, die ihn schon lange Zeit bedrückten, im Einzelgespräch bei seiner Therapeutin und dann auch in der Therapiegruppe zur Sprache brachte: Die Unzufriedenheit mit seinem Arbeitsplatz, sein massiver Schuldenberg, das schulische Versagen seines ältesten Sohnes, seine wieder aufgekeimte Zuneigung zu seiner ersten Ehefrau ... Einiges konnte noch während der Therapie geklärt werden, er schöpfte Hoffnung. Anderes blieb ungeklärt im Raum stehen.

Die Zeit nach Therapieende war für ihn von Anfang an recht schwierig. Die Themen, die in der stationären Therapie angeschnitten worden waren, begleiteten ihn weiterhin. Er war unruhig, unausgeglichen, gereizt. Mit seiner Frau begann er die gleichen Streitereien wie in seiner „Saufzeit". Beim wöchentlichen Einkauf mit ihr war er extrem ungeduldig. Seiner Frau und den Kollegen am Arbeitsplatz gegenüber verhielt er sich ausgesprochen rechthaberisch. Eine nagende Unzufriedenheit mit allem begleitete ihn.

Schließlich trieb es ihn in die alten Kneipen. Alles war wie früher: Die „Saufkumpanen", die Gesprächsthemen, das Dröhnen aus der Musikbox, der Geruch aus Zigaretten, Alkohol und Pommes Frites. Er kämpfte mit sich - erfolgreich: er bestellte sich ein Cola - nicht „sein Bier" wie früher.

Noch am gleichen Abend rief er seinen Suchtberater an, den er schon von der Therapievermittlung her kannte. Ihm erzählte er, wie es ihm ging und daß er nahe am Rückfall wäre. Am nächsten Tag suchte er den Suchtberater in der Beratungsstelle zu einem ausführlicheren Gespräch auf. Weitere folgten in den anschließenden Wochen. In diesen Gesprächen wurde das fortgeführt, was während der stationären Therapie begonnen worden war. Seine Unruhe, seine Unzufriedenheit und all das, was ihn bedrückte, kamen zur Sprache. Langsam gewann er Sicherheit,

Stabilität, Halt. Er griff nicht zum Alkohol. Im Gegenteil: Nach einigen Wochen gewann er immer mehr Abstand zum Alkohol. Dieses Beispiel veranschaulicht einen „*trockenen Rückfall*" („trocken besoffen"): Herr M. verhält sich wie in der „nassen Zeit": unruhig, ungeduldig, rechthaberisch, großspurig - außer, daß er nicht trinkt. Doch er schafft es, den trockenen Rückfall als Warnsignal zu verstehen und sich Unterstützung bei seinem Suchtberater zu holen. Es kommt nicht zum „nassen Rückfall".

Beispiel 4: Der „systemische Rückfall". *Hubert K. ist 43 Jahre alt und alkoholabhängig. Die Kinder - ein Sohn und eine Tochter - leben noch mit ihm und seiner Frau zusammen im Haus. Während der gerade abgeschlossenen stationären Therapie hat er hart an sich gearbeitet. Er hat gelernt, sich als Alkoholkranken zu sehen. Und er weiß, daß er etwas für seine Trockenheit tun muß, „um es zukünftig zu schaffen". Deshalb besucht er auch regelmäßig die Selbsthilfegruppe. Alkohol in den eigenen vier Wänden ist für ihn ein Tabu. Auf Alkoholtrinkende reagiert er außer Haus empfindlich und versucht, andere über die Gefahren des Alkohols aufzuklären.*

Auch im Zusammenleben mit seiner Familie wird alles ganz grundsätzlich: wie die richtige Lebensführung auszusehen habe, was das Wichtigste im Leben sei usw. Das Leben in der Familie wird „blutarm": es geht nur noch um Prinzipien, es geht - bildlich gesprochen - nüchtern zu. Lebendigkeit, Ausgelassenheit, Unbeschwertheit fehlen gänzlich. Die rigide Lebensführung überschattet alles. Unausgesprochene, aber für alle spürbare Spannungen beherrschen das Zusammensein. In dieser insgesamt finsteren Atmosphäre bekommt die Ehefrau nach einigen Monaten wieder Depressionen. Sie wird erneut apathisch, nimmt am famililiären Leben so gut wie nicht mehr teil und wird schließlich in eine psychiatrische Klinik eingewiesen.

Ein Beispiel für einen „*systemischen Rückfall*": Hubert K. trank zwar keinen Alkohol mehr - aber das familiäre Leben wurde starr, es trocknete immer mehr aus. Mit dem Alkohol entschwand auch das lockere, unbeschwerte, fließende Element in der Familie. Das Beispiel zeigt, daß es häufig nicht ausreicht, einfach den Alkohol wegzulassen. Vielmehr benötigt die Art des Zusammenlebens neue Impulse. Sonst wird die Trockenheit mit einer erstickenden, bedrückenden zwischenmenschlichen Atmosphäre gebüßt, und ein anderes Familienmitglied zahlt vielleicht mit einem Rückfall. Wie in diesem Beispiel Frau K.: Sie bekam „ihre" Depressionen.

Beispiel 5: „Kontrolliertes Trinken". *Klaus R. ist 33 Jahre alt und lebt mit seiner Ehefrau zusammen. Es kam vor, daß er monatelang keinen Tropfen Alkohol trank. Ab und zu „erwischte" es ihn dann um so schlimmer: Er betrank sich so sehr, daß ihm danach jede Erinnerung dafür fehlte, was eigentlich passiert war. Schließlich entschloß er sich – auf Drängen seiner Ehefrau – zu einer ambulanten Therapie.*

Nach der Therapie ging es ihm blendend: Am Arbeitsplatz klappte alles „wie am Schnürchen" (der Chef war hochzufrieden mit ihm), seine Hausrenovierung konnte er zügig beenden, und mit seiner Ehefrau erlebte er „die glücklichsten Stunden seines Lebens". Den während der Therapie vermittelten Grundsatz, keinerlei Alkohol mehr anzurühren, beherzigte er drei Monate lang – allerdings nicht aus wirklicher innerer Überzeugung heraus. Er hatte es doch früher auch geschafft, zu trinken wie andere auch. Warum sollte es denn jetzt nicht wieder klappen? Sein Wunsch, sich hier und da ein Gläschen – wohlgemerkt: ein einziges Gläschen, das hatte er sich fest vorgenommen – zu genehmigen, wuchs. So kam es dazu, daß Herr R. drei Monate lang am Kegelabend ein Glas Wein trank – nicht mehr und nicht weniger.

In diesen drei Monaten des kontrollierten Trinkens erlebte er jedoch auch einen ungeheuren Druck: Würde er nicht auch zwei Gläschen Wein ohne Probleme trinken können? Oder drei? Nein! Er wußte ja, wohin das bei ihm geführt hatte. Also ließ er von diesem Gedanken ab. Aber der Wunsch nach dem zweiten Glas tauchte immer wieder auf – wie ein „innerer Schweinehund". Mit der Zeit wurde dieser Wunsch so zur Qual, daß sich Klaus R. fragte: „Wozu brauche ich denn eigentlich dieses Glas Wein, wenn ich mich damit solchen quälenden Gedanken nach mehr Alkohol aussetze?" Schließlich war ihm diese ständige Selbstquälerei zuwider: er entschloß sich, keinerlei Alkohol mehr anzurühren. Damit ist er bis heute gut gefahren.

Dies ist ein Beispiel für *„kontrolliertes Trinken"*: Herr R. nimmt sich vor, ein Glas Wein (0,2 Liter) am Kegelabend – einmal die Woche – zu trinken. [2] Und er schafft dies auch über Monate hinweg. Doch es wird

---

[2] „Normales Trinken" bedeutet, daß eine bestimmte Menge Alkohol konsumiert wird, ohne diese Menge schon vorab festgelegt zu haben. Der „normal Trinkende" muß also nicht bewußt darauf achten, ob er eine bestimmte Menge auch tatsächlich einhält. Statt dessen wird der Konsum rein gewohnheitsmäßig in Grenzen gehalten (z. B. trinkt er ein bis zwei Bier nach Feierabend) oder anhand körperlich-seelischer Empfindungen quasi automatisch reguliert (z. B. bei Benommenheit, Schläfrigkeit usw. wird der Konsum reduziert oder eingestellt).

ihm nicht zum Genuß: Der Gedanke, ob er nicht doch ein zweites oder drittes Glas vertragen würde, plagt ihn. Würde es ihm – bei dem doch sonst alles bestens läuft – nicht doch gelingen, zu trinken wie Nichtalkoholiker auch? Ist er überhaupt ein Alkoholiker?

Glücklicherweise gelang es Herrn R. in diesem Fall, zur Vernunft zurückzukehren. Der Blick auf seine Vergangenheit und die Warnungen seiner Freunde machten ihm deutlich: Er überschätzte sich wieder einmal maßlos. Die Vernunft gewann die Oberhand: Er ließ von seiner Verbissenheit, so trinken zu können wie alle anderen auch, wieder ab und kehrte zur Abstinenz zurück. –

Derartige Fälle kennen Sie sicherlich, wenn Sie „in der Sucht" tätig sind. „Den" Rückfall gibt es also genau genommen gar nicht. Der eine Abhängige beginnt kurz nach einer Therapie wieder zu trinken, und zwar zunächst nur in größeren Abständen und in geringen Mengen, bis er schließlich in einer schwierigen Situation (z. B. nach einer Trennung) wieder täglich und in großen Mengen trinkt. Ein anderer lebt über ein halbes Jahr hinweg unter großem inneren Druck und ist unzufrieden „trocken", bis ihm in einer von außen betrachtet belanglosen Situation „der Kragen platzt", und er von da an fast täglich bis zum Exzeß trinkt. Andere Beispiele ließen sich mühelos hinzufügen.

Die geschilderten Beispiele münden in folgender Feststellung:

> **Es ist sinnvoll, zwischen schwerem Rückfall, Ausrutscher, trockenem Rückfall, systemischem Rückfall und kontrolliertem Trinken zu unterscheiden.**

Diese verschiedenartigen Rückfallvarianten laufen äußerst unterschiedlich ab, so daß weiterhin festgehalten werden kann:

> **Es gibt nicht „den" typischen Rückfallverlauf: Rückfälle dauern unterschiedlich lange an. Und Rückfälle verlaufen unterschiedlich schwer.**

Diese Alltagserfahrung, daß es „den" Rückfall nicht gibt, wird auch durch „trockene" wissenschaftliche Untersuchungen belegt. Einige Ergebnisse aus der bereits zitierten Studie des Münchener Max-Planck-Instituts für Psychiatrie (vgl. Küfner, Feuerlein und Flohrschütz 1986; Küfner, Feuerlein und Huber 1988) lauten dazu:

● Die Mehrzahl (33 Prozent) der Ex-Patienten konsumiert im ersten

Halbjahr nach Behandlungsende zum ersten Mal erneut Alkohol. Das heißt:

> **In den ersten sechs Monaten nach einer Behandlung ist die Rückfallanfälligkeit besonders hoch. In dieser Zeit sollte Rückfallgefährdungen mit besonderer Wachsamkeit begegnet werden.**

Trotzdem ist es nicht sinnvoll, von „dem" typischen Rückfallzeitpunkt zu sprechen. Denn mit der Zeit wird ein Teil der Rückfälligen wieder abstinent, und ein Teil der bislang Abstinenten trinkt wieder Alkohol. So kommt es dazu, daß z. B. im ersten, dritten und achten Halbjahr nach stationärer Therapie stets annähernd *ein Drittel* aller Ex-Patienten rückfällig ist.

● Im Zeitraum von 18 Monaten nach der stationären Therapie waren 53,5 Prozent der Rückfälligen (nur) „leicht rückfällig", soweit ihre Rückfälle maximal drei Tage andauerten. 14 Prozent der Rückfälligen hatten nur an einem einzigen Tag getrunken.

● In den ersten vier Jahren nach der Entlassung haben 31 Prozent der Rückfälligen niemals und 9 Prozent ein einziges Mal bis zum Rausch getrunken. 48 Prozent der Rückfälligen erlebten keinen Kontrollverlust.

Es läßt sich aus den vorgenannten Ergebnissen schließen:

> **Eine erhebliche Zahl von Rückfällen wuchert nicht aus. Es ist vielmehr so, daß viele Rückfälle bereits nach kurzer Zeit wieder zum Stillstand gebracht werden. Nicht jeder Rückfall führt zu Symptomen körperlicher Abhängigkeit. Nicht jeder Rückfall führt zu einer Beeinträchtigung des Lebensalltags (z. B. zu Schwierigkeiten im familiären Zusammenleben oder am Arbeitsplatz). Mit anderen Worten: Der Beginn des erneuten Trinkens muß nicht gleich im endgültigen Zusammenbruch enden.**

● Über den gesamten Erhebungszeitraum von vier Jahren nach der Entlassung aus stationärer Entwöhnungsbehandlung tranken 2,6 Prozent in mäßigen Mengen, d. h. nicht mehr als max. 30 g (Frauen) bzw. 60 g (Männer) Alkohol pro Tag. [3] Dabei kam es zu keinem „pathologischen Trinkverhalten" (Kontrollverlust, Erinnerungslücken, Orientierungsstörungen usw.) und zu keiner erneuten stationären Behandlung wegen Alkoholmißbrauchs. Wir können daraus folgern:

---

[3] Zur Erinnerung: 0,5 l Bier oder 0,2 l Wein enthalten ca. 20 Gramm reinen Alkohol.

> **Mäßiges Trinken über mehrere Jahre hinweg ist bei Alkoholabhängigen äußerst selten festzustellen.**

3. Rückfälle sind Bestandteil menschlicher Entwicklung

... oder: Der Blick über den Tellerrand und die Entdeckung des Alltäglichen.

Versetzen Sie sich bitte zum Einstieg in diesen dritten Abschnitt in den folgenden Beispielfall - einen realistischen, wohlgemerkt. Er ist bewußt sehr ausführlich beschrieben, um deutlich zu machen, daß ein Rückfall im Rahmen der vielen Tücken des Alltags keineswegs etwas Ungewöhnliches ist. Es geht in diesem Beispiel absichtlich nicht um das Alkoholtrinken, sondern um das Rauchen. [4]

Lange schon wußte ich, daß ich mit dem Rauchen aufhören wollte, aber nie gab es den richtigen Zeitpunkt. Es war immer eine Entschuldigung vorhanden: irgendeine Arbeit, eine Prüfung, eine Trennung, irgendeine Art von Streß. Viele Gespräche und Informationsbroschüren über das Rauchen gingen zunächst ohne sichtbare Wirkung an mir vorüber; eher trotzte ich allen „Gesundheitsverteidigern". Irgendwann jedoch – auch durch äußere Anregungen – stellte ich mir wieder die Frage, warum ich eigentlich noch rauchte. Nachdem ich ernsthaft darüber nachgedacht und diesmal keine Erklärung und Entschuldigung gefunden hatte, faßte ich den festen Entschluß, der Raucherei ein Ende zu setzen.

Die ersten drei Wochen waren sehr schwer, weil ich unruhig und gereizt war. Alle Gefühle waren viel intensiver, und ich habe furchtbar viel geheult.

Insgesamt aber war es leichter, auf die Zigarette zu verzichten, als ich mir in den Jahren zuvor vorstellen konnte. Ich kam mir wie ein Energiebündel vor. Ich fühlte mich sehr stark, und ich kann mich nicht erinnern, daß ich so richtig in Versuchung geraten wäre, eine Zigarette zu rauchen. Freunde ließ ich sogar in meiner Wohnung rauchen, ohne daß es mich störte. Im Gegenteil, ich war stolz, daß ich problemlos so tolerant sein konnte. Darüber hinaus war es sehr angenehm, den Geruch nicht mehr ständig in der Wohnung und in den Kleidern zu haben. Die paar Kilo,

---

[4] Ich danke Brigitte Kupfer für die Überlassung dieses Beispieles.

die ich anfangs zugenommen hatte, verlor ich nach einiger Zeit wieder ohne eigenes Bemühen darum.

Plötzlich wurde es kritisch: Im Studium „knallte" ich durch eine der Abschlußprüfungen, und zwar genau in dem Fach, in dem ich mich am sichersten fühlte, weil es mein Studienschwerpunkt war. Im ersten Moment war ich wie vor den Kopf geschlagen, war verwirrt und wußte nicht, wie mir geschehen war. Wie benommen „wandelte" ich nach Hause. Ich traf meine Nachbarin und ließ mich auf ein Glas Sekt einladen. Es wurden mehrere Gläser daraus. Ich war igendwie willenlos, wußte nicht, ob ich gehen oder bleiben sollte. Als sie mir eine Zigarette anbot, war ich schon angetrunken und habe nur kurz gezögert, dann überlegt: „Was soll's überhaupt?" und mit dem Griff zur Zigarette ein Gefühl der Befreiung gespürt. Sie hat mir gutgetan, und ich rauchte weiter, eine nach der anderen.

Am nächsten Morgen fühlte ich mich elend. Ich war völlig erschöpft vom Vortag, und es breitete sich ein dumpfer Schmerz in mir aus: eine Mischung aus Ohnmacht, tiefer Enttäuschung, Wut und Demütigung. Daß ich zudem noch angefangen hatte zu rauchen, konnte ich mir nicht verzeihen. Ich rauchte weiter. Bei jeder Zigarette war mir bewußt, daß ich mich selbst bestrafte und meine Selbstachtung um ein weiteres Stück sank. Zwischendurch dachte ich: „Nein, so weit läßt du es nicht kommen, daß du wieder voll drinsteckst!" Ich kämpfte eine Zeitlang, mein Rauchen als Ausrutscher zu sehen und es so hinzudrehen, als ob ich eigentlich doch nicht wirklich rauchte. Aber immer wieder fühlte ich mich zum Aufhören nicht stark genug. Und mit jeder Zigarette wurde ich gleichgültiger. Mir war das alles bewußt und ich merkte auch, daß das Inhalieren des Zigarettenrauches ein Unterdrücken meiner Wut bedeutete, ein In-mich-Hineinziehen statt eines Aus-mir-Herausblasens.

Zwei bis drei Monate kämpfte ich mit mir, eigentlich doch nicht rauchen zu wollen. Dann gab ich auf. Ich sagte mir, daß ich meine Energie nicht darauf richten könne, den Kampf gegen das Rauchen zu führen, und fing an, mir das Rauchen zu erlauben, bis ich wieder sehr viel rauchte. Ich habe mich allerdings nie damit abgefunden und konnte mich nie so richtig als Wieder-Rauchende akzeptieren. Ich schämte mich vor mir selbst und einigen anderen Menschen.

Da mein Rückfall mit einer Situation in Verbindung stand, in der es mir nicht gelungen war, meine Selbstachtung zu bewahren, war mein Rauchen für mich sehr oft (nicht immer) ein Zeichen der Selbstablehnung und Selbstverachtung. Ich ekelte mich zeitweise vor der Zigarette

*und vor mir selbst, wenn ich rauchte - und habe trotzdem weiterge-
raucht.*

*Ich habe mich später gefragt, warum ich in der kritischen Situation
nicht gleich Hilfe und Unterstützung bei Freunden gesucht hatte. Ich
glaube, daß ich einfach zu verwirrt und fassungslos war, um zu merken,
daß ich Hilfe brauchen konnte. Ich schämte mich auch, obwohl ich mich
nach außen souverän gab.
Seit ein paar Wochen bin ich wieder Nichtraucherin geworden, spontan und undramatisch. Der Zeitpunkt war gekommen, mich wieder
wichtig zu nehmen, und es fällt mir mal wieder leichter als befürchtet.
Ich fühle mich weniger resigniert und ganz in Ordnung.*

Lassen Sie dieses Beispiel einfach einen Moment auf sich wirken.
Deutlich wird daran: Selbst nach einem reifen Entschluß, die eigene Ver-
haltensgewohnheit zu ändern, kommt es zum Rückfall. Weiterhin wird
deutlich, daß dieser Rückfall einen Hintergrund hatte und nicht „einfach
so passiert" ist: In diesem Beispiel war das eine kränkende „Schlappe"
im Studium, die nicht einfach „weggesteckt" werden konnte. Schließlich
bedeutete dieser Rückfall nicht das endgültige Aus - ein Weg zurück zur
Abstinenz eröffnete sich aufs neue. Und dafür war Zeit nötig.

Kennen Sie dieses Schwachwerden in einer Krisensituation von sich
selbst oder anderen Menschen?

Als nächstes möchte ich Sie bitten, aus einer Ihrer Süchte oder Ihrer
„schlechten Angewohnheiten" eine einzige auszuwählen, und zwar eine,
die Ihnen von Zeit zu Zeit wirklich „zu schaffen macht" bzw. die Sie belastet. (Nehmen Sie sich für diese Auswahl jetzt etwas Zeit.)

Schreiben Sie bitte die Eigenschaft oder Verhaltensweise, die Sie aus-
gewählt haben, jetzt auf: ......*Rauchen*..................................

Wenn es Ihnen schwer fällt, unliebsame Verhaltensweisen bei sich
selbst zu finden, hier einige zur Auswahl: das Rauchen, Trinken, übermäßige Fernsehen oder Arbeiten; das Nichteinhalten einer vom Arzt oder Ihnen selbst verordneten Diät; Ihre Unpünktlichkeit; Ihre „Streitsucht"; Ihre
Spielleidenschaft; Ihre morgendliche Hektik beim Weg zur Arbeit; Ihre
Geld- , Herrsch- oder Anerkennungssucht; Ihre Untreue gegenüber Ihrem
Partner. Falls Ihnen zuvor keine Ihrer unliebsamen Eigenschaften eingefallen war, überlegen Sie bitte mit Hilfe dieser Aufzählung nochmals.

Nehmen Sie sich nun etwas Zeit, um folgende Frage zu beantworten:
Vor wievielen Jahren haben Sie das *erste* Mal versucht, die von Ihnen
ausgewählte Sucht oder „schlechte Angewohnheit" abzustellen? Ihre
Antwort: ....*2 Jahren*..................................

Sind Sie bis heute Ihrem Grundsatz jemals untreu geworden? Ihre Antwort: ....*Ja*..
Falls ja: Wann sind Sie von Ihrem Vorsatz zum ersten Mal abgewichen? Ihre Antwort: ....2. *Wollte später*..........................
Wie sieht es heute aus? Haben Sie Ihr Verhalten dauerhaft „in den Griff gekriegt" (zum Beispiel mit dem Rauchen aufgehört)? Ihre Antwort: ......*Nein*...

Wenn Sie diese Fragen aufrichtig beantworten, kommen Sie vermutlich zu folgendem Ergebnis: Unzählige Male haben Sie Ihren Vorsatz, Ihr Verhalten zu ändern oder abzustellen, *nicht* verwirklicht! Mit anderen Worten: *Wir alle* werden unserem Vorsatz, das Rauchen, Trinken, übermäßige Fernsehen, ungesunde Essen usw. aufzugeben bzw. einzuschränken, oft untreu! Deshalb ist die Folgerung gerechtfertigt: *Wir selbst leben nicht „rückfallfrei" - im Gegenteil: Unser Alltag ist voller Rückfälle!* Rückfälle sind etwas Menschliches. Wir nehmen uns vor, uns zu ändern, sind auch voller guter Absichten, unternehmen die ersten Ansätze zum Abstellen unserer Laster - und erkennen anhand des nächsten Rückfalls oder Rückschritts, daß wir, zum Teil ohne es zu merken, unsere guten Vorsätze über Bord geworfen haben und in alte, gewohnte, vertraute Verhaltensroutinen zurückgefallen sind.

> **Der Rückfall scheint zum menschlichen Leben und zur menschlichen Entwicklung schlechthin dazuzugehören. Er ist keine Eigentümlichkeit von Süchtigen.**

Schon gar nicht sind Rückfälle eine Besonderheit von *Alkohol*abhängigen - das obige Beispiel hat dies deutlich gemacht. Rückfälle sind offenbar Bestandteil der meisten Veränderungsprozesse. Weshalb sehen wir über unsere eigenen Rückfälle erhaben hinweg und tun den Rückfall von Alkohol- oder Drogensüchtigen als moralische Untat ab? „Warum siehst du den Splitter im Auge deines Bruders, aber den Balken in deinem Auge bemerkst du nicht?" (Matthäus 7,3)
Sie werden einwenden: Schlechte Angewohnheiten sind ja etwas anderes als das zerstörerische Suchtverhalten! Auch dann stellt sich jedoch die Frage: Wieviel schwieriger ist eine dauerhafte Verhaltensänderung für jemanden, dessen Verhalten über Jahre oder Jahrzehnte zu einer „eingefleischten Gewohnheit" geworden ist? Aber vor allem: Wenn das Suchtverhalten nicht nur eine schlechte Angewohnheit, sondern eine Art von zentralem „Lebensstabilisator" („Krücke") gewor-

den ist, weshalb sollte es dann so merkwürdig sein, daß der Abhängige an seinem letztlich zwar zerstörerischen, aber trotzdem bewährten Verhalten festhält? (Darauf kommen wir in Abschnitt 6. ausführlicher zu sprechen.) Der Rückfall als *Tatsache* menschlicher Veränderung zeichnet sich im übrigen nicht nur im Bereich der Süchte ab. Rückfälle bei körperlichen Erkrankungen, bei kriminellem Verhalten oder etwa bei psychischen Problemen (z. B. Ängsten, Wahnvorstellungen, Depressionen) sind nicht seltener und nicht weniger gravierend als im Bereich der Süchte! (Vgl. Hambrecht 1988; Kerner 1986.)

Um Mißverständnissen vorzubeugen: Die vorherigen Ausführungen besagen natürlich nicht, daß ein Rückfall während einer Behandlung herbeigewünscht werden sollte. „Heilsame Rückfälle" können auch *vor* der Behandlung vorgekommen sein, oder anders gesagt: Rückblickend kann man aus den bei jedem Abhängigen *bereits eingetretenen* Rückfällen eine Menge über deren Entstehungsbedingungen und Verläufe lernen. Der zeitlich letzte Rückfall kann durchaus der letzte gewesen sein – wenn wir aus ihm etwas gelernt haben!

Nach den bisherigen Überlegungen scheint es angebracht, daß man sich menschliches Leben und dessen Veränderungen am besten als einen Prozeß vorstellt, in dem es Fortschritte *und* auch Stagnations- oder Rückschrittphasen gibt. Eine realistische „Heilungskurve" könnte deshalb so aussehen (Abbildung 2):

unrealistisch   realistisch

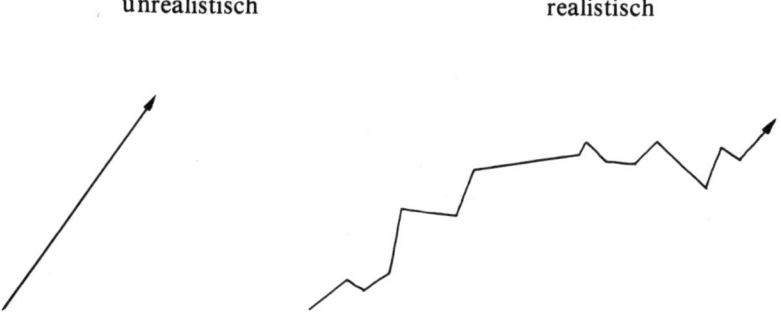

Abbildung 2: Unrealistische und realistische Vorstellungen der Genesung Alkoholabhängiger

Wer sich demgegenüber an die Vorstellung klammert, daß Veränderungen so verlaufen müßten wie es das oben genannte V-Schema vorgibt, der überschätzt die Veränderungsgeschwindigkeit – und er weiß die Notwendigkeit von stabilisierenden „Rückkehrschleifen" nicht zu würdigen.

4. Das „erste Glas" endet meist – aber nicht notwendigerweise – im Kontrollverlust

Im Alltag der Suchtbehandlung ist die Ansicht, daß ein Alkoholkranker nach dem „ersten Schluck" automatisch (krankheitsbedingt) die Kontrolle über das Trinken verliert, weit verbreitet. Die größte „Berühmtheit" hat dieser Grundsatz wohl in der Überzeugung gefunden, daß bereits der Konsum einer Schnapspraline ausreiche, um beim Alkoholiker wieder den Kontrollverlust einzuleiten.

Nun ist die Vorstellung, daß ein „erstes Schlückchen" dem Rückfall in das alte Suchtmuster Tür und Tor öffnet, keineswegs aus der Luft gegriffen. Jeder, der im Suchtbereich tätig ist, kennt dieses Spiel mit dem Feuer: Der Abhängige glaubt, nach einer Phase der Abstinenz wieder ganz gut mit Alkohol zurechtzukommen, vielleicht kontrolliert trinken zu können. Er will sein Glas Bier oder Wein genießen wie alle anderen auch. Und nach einiger Zeit hat es wieder einmal nicht geklappt.

Wenn Sie sich Rückfälle im großen Zeitraffer ansehen, dann werden Sie zu der Auffassung gelangen, daß es so etwas wie ein Naturgesetz ist, daß der Alkoholabhängige nach einer ersten, kurzen Trinkphase (oder etwa einer Schnapspraline) mehr Alkohol möchte oder braucht. Die Vorstellung ist dabei oft die folgende: Der alkoholkranke Körper reagiert bereits auf geringe Mengen Alkohol durch ein gesteigertes Verlangen nach mehr Alkohol. Er gibt diesem Verlangen nach, bis der weitere Konsum nicht mehr gesteuert werden kann. Das erste Glas löst also – so die Theorie – aufgrund eigenständiger körperlicher Prozesse den Kontrollverlust aus, der unweigerlich zum schweren Rückfall führt.

Wenn Sie sich Rückfallverläufe sehr genau und in der Zeitlupe berichten lassen, werden Sie allerdings sehen, daß der „direkte Absturz" nach dem „ersten Schluck" eher selten ist. Nach dem „ersten Schluck" nehmen viele Alkoholabhängige für einige Tage oder Wochen gar keinen Alkohol zu sich. Und: Nach dem „ersten Schluck" kommen viele gedankliche und emotionale Prozesse in Gang. Dazu gehören etwa die Gedanken, daß man vielleicht doch kontrolliert trinken könne, daß man keine Entzugssymptome und kein Verlangen nach mehr Alkohol bei sich feststelle, daß man sich Vorwürfe wegen dieses Fehltritts macht oder daß man Triumphgefühle erlebt, weil es (das „kontrollierte" oder „normale" Trinken) bei einem doch gehe. In den Beispielen 2 und 5 im zweiten Abschnitt spielten derartige Gedanken eine Rolle. Diese Beispiele legen bereits nahe, daß es nicht „der alkoholkranke Körper" ist, der das erste Glas zum ausgewachsenen Rückfall werden läßt. Entscheidend dafür, wie es nach dem „ersten Schluck" weitergeht, scheinen vielmehr gedankliche und emotionale Prozesse zu sein.

Genau diese Position wird in der wissenschaftlichen Psychologie derzeit vertreten und durch neuere Untersuchungen gestützt. Marlatt (1985), ein amerikanischer Psychologe, hat in dieser Hinsicht zunächst einmal eine ganz wichtige Unterscheidung getroffen. Seiner Ansicht nach sollte man dann, wenn ein Alkoholabhängiger erneut ein *erstes* Quantum Alkohol (z. B. ein Glas Bier, eine Schnapspraline) konsumiert hat, von einem *„Ausrutscher"* (oder „Fehltritt") sprechen. Ein *„Rückfall"* liegt – so Marlatt – demgegenüber erst dann vor, wenn das Trinken so ausgewuchert ist, daß es auf dem alten Stand wie früher angelangt oder sogar noch schlimmer geworden ist (vgl. Beispiel 1 in Abschnitt 2.).

Ausgehend von dieser Unterscheidung zwischen Ausrutscher und Rückfall hat Marlatt zusammen mit seinen Mitarbeiterinnen und Mitarbeitern eine ganze Reihe von Anhaltspunkten dafür gesammelt, daß bei Alkoholabhängigen, die abstinenzmotiviert sind, nicht der „erste Schluck" *an und für sich* ausschlaggebend dafür ist, wie es mit dem Trinken weitergeht. Ganz wesentlich scheint für den weiteren Verlauf des Trinkens vielmehr die *Erklärung* zu sein, die sich der Abhängige für den Ausrutscher selbst gibt. Es ist hochwahrscheinlich, daß der „erste Schluck" in einem schweren Rückfall endet, wenn „im Kopf und Herzen" des Abhängigen die folgenden drei Prozesse ablaufen:

(1) Der Abhängige glaubt, daß eigene *Willensschwäche* oder *Unfähigkeit zur Abstinenz* der maßgebliche Grund dafür ist, daß es zum „ersten Schluck" gekommen ist.

(2) Er ist ebenfalls davon überzeugt, daß er seinem weiteren Trinkverhalten *ohnmächtig* gegenübersteht. („Da ist sowieso nichts mehr zu ändern: Es ist wieder soweit [daß ich abstürze, d. h. mit dem Kontrollverlust]").

(3) Er wird von *Schuld- und Schamgefühlen* geplagt, weil er sich als Versager sieht und sich Vorwürfe macht.

Abbildung 3 verdeutlicht noch einmal diesen Ablauf.

```
┌─────────────────────────────────────────────────────────────┐
│                      „Ausrutscher"                          │
│                     („erster Schluck")                      │
│                            ↓                                │
├─────────────────────────────────────────────────────────────┤
│  Erklärung des „ersten Schlucks" durch Willensschwäche und Un- │
│  fähigkeit zur Abstinenz: „Ich werde einfach immer wieder    │
│  schwach. Ich bin ein Versager! Ich schaffe es nie! ..."     │
│  Ohnmacht, Überzeugung der Unkontrollierbarkeit des weiteren │
│  Trinkens: „Jetzt ist es sowieso aus! Jetzt kann ich mich gleich voll- │
│  saufen! ..."                                                │
│  Schuld- und Schamgefühle: „Ich könnte vor Scham in den Erdbo- │
│  den versinken! Wie kann ich das je wiedergutmachen?! ..."   │
└─────────────────────────────────────────────────────────────┘
                            ↓
                     schwerer Rückfall
```

Abbildung 3: Die Prozesse, die vom Ausrutscher zum Rückfall führen
(nach Marlatt)

Ein schwerer Rückfall ist nach dieser psychologischen Theorie also nicht die Reaktion des „kranken Körpers" auf den „ersten Schluck", sondern Folge der gedanklich-gefühlsmäßigen Verarbeitung des Ausrutschers – und damit *eine sich selbst erfüllende Prophezeiung:* Der Abhängige sagt sich nach dem „ersten Schluck: „Es hat ja eh' keinen Sinn mehr" – und verhält sich dementsprechend.

Die vorherigen Ausführungen lassen sich folgendermaßen zusammenfassen:

Der „erste Schluck" sollte als Ausrutscher und nicht als Rückfall bezeichnet werden.

Ausrutscher müssen nicht naturnotwendig in schwere Rückfälligkeit „auswuchern".

Wenn es nach einem „ersten Schluck" zum Rückfall in das alte Trinkmuster kommt, ist eine „sich selbst erfüllende Prophezeiung" eingetreten.

Dies legt drei Konsequenzen für die Behandlungspraxis nahe:

---

(1) Geben Sie den „Mythos vom ersten Schluck" nicht weiter.

Es ist zwar vollkommen richtig, daß die Angst, nach dem „ersten Schluck" vollständig die Kontrolle über den Alkohol zu verlieren, einen Teil der Abhängigen davon abhält, es überhaupt zum „ersten Schluck" kommen zu lassen. Bedenken Sie aber:

● Die Mehrzahl der Abhängigen greift trotz dieses Appells, „das erste Glas stehen zu lassen", doch wieder zum Alkohol [5]. Der Appell scheint nicht besonders wirksam zu sein.

● Bei allen diesen, die wieder zum Glas oder zur Flasche greifen, ist es wahrscheinlich, daß sie sich entsprechend diesem Grundsatz „das erste Glas endet im Kontrollverlust" verhalten, obwohl dies nicht sein müßte. Kraß ausgedrückt: Rückfällige fühlen sich in dem bestätigt, was ihnen „eingeredet" wurde (sich selbst erfüllende Prophezeiung). Der Grundsatz „das erste Glas endet im Kontrollverlust" heizt also bei einer Reihe von Abhängigen Rückfälle an!

● Alle diejenigen, die nach dem „ersten Schluck" triumphierend feststellen, daß bei ihnen weder ein weiteres Verlangen nach Alkohol noch der Kontrollverlust eingetreten ist, wiegen sich in der Illusion, daß sie doch nicht alkoholabhängig seien. Auch hier stellt sich das Motto „das erste Glas endet im Kontrollverlust" letztlich eher als eine Einladung zum Weitertrinken statt als eine wirksame Abschreckungsmaßnahme dar.

---

(2) Lassen Sie die Realität (des eigenen Lebens) sprechen.

Gehen Sie stattdessen mit dem einzelnen Abhängigen seine „Trinkkarriere" durch. Lassen Sie ihn selbst Vorhersagen darüber anstellen, ob er meint, irgendwann einmal kontrolliert trinken zu können. Fragen Sie ihn, wie er ggf. zu dieser Zuversicht oder Hoffnung kommt, wenn ihm sein bisheriges Leben unzählige Male gezeigt hat, daß er eben nicht kontrolliert mit Alkohol umgehen kann – zumindest dann nicht, wenn einiges in seinem Leben schief läuft und seine Kräfte versagen. Erschweren Sie ihm also, sich über die eigenen Begrenztheiten hinwegzutäuschen. Konfrontieren Sie ihn mit der Realität seines eigenen Suchtverlaufs.

---

[5] Vgl. Abschnitt I: Bereits innerhalb der ersten 18 Monaten nach stationärer Therapie haben mehr als die Hälfte der Frauen erneut Alkohol konsumiert.

> **(3) Von allein kommen Ausrutscher aber nicht zum Stillstand –**
> **der Alkoholabhängige muß dafür aktiv und vor allem rasch etwas**
> **unternehmen.**

Sinnvoll ist eine schnelle persönliche Kontaktaufnahme zu einer nahestehenden Person aus dem Privatbereich oder der Selbsthilfegruppe bzw. zum Suchtberater oder einem vertrauten Therapeuten. Der Verzicht auf die Weitergabe des „Schnapspralinen-Mythos" erleichtert es dem Abhängigen, derartige Kontakte aufzunehmen. Und ein rascher Kontakt begünstigt wiederum, daß der Ausrutscher nicht zum schweren Rückfall auswuchert.

5. Anhaltende Rückfälligkeit hat oftmals schwerwiegende Folgen

Wie bereits erwähnt, ist es weder in diesem Kapitel noch im gesamten Buch unsere Absicht, Rückfälle zu verharmlosen. Es ist nämlich wohlbekannt, daß schwere, dauerhafte Rückfälligkeit zu fatalen Auswirkungen führen kann. Gewalttätigkeit in Familien, vernachlässigte Kinder, (schwere) Verkehrsunfälle, Arbeitsplatzverlust, körperliche Folgekrankheiten oder der Erstickungstod während des Erbrechens: alles nichts Unbekanntes, wenn der Alkohol wieder die Oberhand gewonnen hat.

Diese Erfahrungen aus der Suchtpraxis sind im übrigen auch durch wissenschaftliche Untersuchungen abgesichert. Einige wichtige Ergebnisse lauten (vgl. zusammenfassend Körkel und Lauer 1988, S. 52f, S. 74f):

● Alkoholabhängige, die über längere Zeiträume nach einer Behandlung erneut Alkohol trinken, haben eine geringere Lebenserwartung als Abstinente.

● In Familien, in denen der Alkoholabhängige schwer rückfällig ist, kommt es vermehrt zu Konflikten und zu einem geringeren Zusammenhalt unter den Familienmitgliedern.

● Bei den Ehepartnern von schwer Rückfälligen sind erhebliche Störungen im Allgemeinbefinden festzustellen (z. B. Ängste und Depressionen).

● Die Kinder von schwer Rückfälligen weisen überdurchschnittlich viele emotionale Schwierigkeiten und Gesundheitsprobleme auf.

● Rückfälle lassen auch die behandelnden Berater bzw. Therapeuten nicht „cool". Helfer reagieren nach Rückfällen oftmals mit Besorgnis, Enttäuschung, Ärger – bis hin zur Resignation. Und sie tun eine Menge, um irgendwie mit dem Rückfall „klarzukommen". (Vgl. dazu den Beitrag von Gehring und Herder in diesem Band.) Wenn man unter einer Katastrophe eine „entscheidende Wendung zum Schlimmen, einen Unglücksfall, ein Verhängnis oder einen Zusammenbruch" (so der Duden) versteht, dann wird klar, weshalb die Begriffe „Rückfall" und „Katastrophe" von vielen trockenen Alkoholikern oft in einem Atemzug genannt werden: Für eine Anzahl von Rückfälligen bedeutet der Rückfall eine weitere Schädigung der eigenen Person und anderer Menschen. Daraus folgt:

> **Am besten ist es allemal, wenn es erst gar nicht zum Rückfall kommt.**

6. Die Entstehungsbedingungen für Rückfälle sind nicht auf Willensschwäche, Alkoholverlangen oder Uneinsichtigkeit zu reduzieren

6.1 Untersuchungsergebnisse zur Entstehung von Rückfällen

Wie kommt es überhaupt zum „ersten Schluck" und zum weiteren Abgleiten? „Fragt man einen Rückfälligen, wie es dazu gekommen sei, daß er – trotz besseren Wissens – wieder zum Glas gegriffen habe, hört man sonderbare Antworten. ‚Es hat mich gejuckt.' – Oder sogar: ‚Der Teufel hat mich geritten ...'" (Aßfalg und Rothenbacher 1987, S. 32). Rückfälle erscheinen häufig undurchsichtig und unverständlich. Obgleich es scheinbar oder vordergründig keine Anhaltspunkte gibt, greift der Abhängige erneut zur Flasche.

Erst eine genauere Analyse von Rückfällen offenbart, daß es durchaus systematische Bedingungsfaktoren für Rückfälle gibt.

> **Rückfälle sind erklärbar – sie fallen nicht vom Himmel.**

Welche Faktoren sind das, die zu Ausrutschern oder Rückfällen führen? Die folgende Tabelle faßt die Ergebnisse verschiedener Untersuchungen, die zu dieser Frage durchgeführt worden sind, zusammen (Tabelle 1).

	Marlatt (1979)	Chaney et al. (1978)	Kivlahan et al. (1983)	Sandahl (1984)	Scholz (1983)
Intrapersonelle Einflußfaktoren	61	58,5	75	50	92
Unangenehme emotionale Zustände	38	43	43	40	50
Unangenehme körperliche Zustände	3	–	15	2	7
Angenehme emotionale Zustände	0	–	17	2	4
Austesten der eigenen Kontroll-möglichkeiten	9 ⎫	15,5	–	2	28 ⎫
eigener Drang und Versuchungen	11 ⎭		–	4	3 ⎭
Interpersonelle Einflußfaktoren	39	32,5	26	50	9
Zwischenmenschliche Konflikte (mit Frustration oder Ärger)	18	15,5	20	31	5
Soziale Trinksituationen und Aufforderungen zum Mittrinken	18	17	6	17	3
Angenehme emotionale Zustände im Zusammensein mit anderen	3	–	–	2	1

Tabelle 1. Einflußfaktoren auf Rückfälligkeit in verschiedenen Studien (Angaben in Prozent). Aus: Körkel und Lauer 1988, a. a. O., S. 79.

Die in der Tabelle zusammengestellten Forschungsergebnisse besagen, daß die maßgeblichen Rückfallursachen in *psychischen* und *sozialen* Bedingungen zu suchen sind:

Bei durchschnittlich 40 Prozent aller Rückfälle sind *unangenehme Gefühlszustände* wie z. B. depressive Verstimmungen, Angst, Gereiztheit, Gekränktheit, Selbstwertkrisen, diffuse Spannungen und Stimmungsschwankungen die entscheidenden Vorläufer. Wir können deshalb festhalten:

Unangenehme Gefühlszustände sind der maßgeblichste Entstehungsfaktor für Rückfälle.

Ebenfalls bei etwa 40 Prozent aller Rückfälle sind als *soziale Einflußfaktoren* zwischenmenschliche Konflikte und „Trinkverführungen" von Bedeutung.

Im Regelfall scheint von einem *Zusammenwirken* der Faktoren a) und b) auszugehen zu sein: Meist liegt eine Kombination von unangenehmen inneren Zuständen auf der einen Seite und Konflikten in Beruf bzw. Familie, Mißbrauch von Medikamenten oder Überlastungen auf der anderen Seite vor.

6.2 Vorherrschende Rückfallerklärungen

Die bei uns (und in vielen anderen Ländern) gängigen „Erklärungen" für Rückfälle stimmen mit den gerade genannten Ergebnissen nicht überein. Die drei gängigen Rückfallerklärungen sind die folgenden:

6.2.1 Die „moralische Rückfallerklärung": Willensschwäche. Nach dem moralischen Modell des Rückfalls, das in der Bevölkerung vorzuherrschen scheint, sind Rückfälle Ausdruck von Haltlosigkeit, Charakterschwäche, Gleichgültigkeit und/oder Unwilligkeit („Der *will* doch saufen!"). Es wird unterstellt, daß der Rückfällige „schlecht" (und nicht krank) ist und daß er aktiv, selbstverantwortlich und deshalb in moralisch verwerflicher Weise handelt. Der Rückfall wird eindeutig negativ bewertet, da der Rückfällige gegen die guten Sitten verstoße und sich moralisch schuldig an den unter ihm leidenden Angehörigen sowie der Gesellschaft mache.

Das moralische Modell ist ein Überbleibsel aus der Zeit vor 1968, d.h. vor Anerkennung des Alkoholismus als Krankheit durch das Bundessozialgericht.

6.2.2 Die „rationalistische Rückfallerklärung": Uneinsichtigkeit. Auf der rationalistischen Rückfalltheorie baut der überwiegende Teil der heutigen Arbeitsrechtsprechung auf (vgl. Beitrag Fleck, in diesem Band). Diese Theorie besagt: Wer in einer stationären Alkoholentwöhnungsbehandlung umfassend darin unterrichtet worden ist, zu welchen Konsequenzen übermäßiger Alkoholkonsum führt, der verzichtet aus Vernunftgründen zukünftig auf Alkohol – oder er handelt selbstverschuldet gegen das von einem verständigen Menschen zu erwartende Verhalten (so drückt es die Rechtsprechung aus). Zieht der Rückfall eines Arbeitnehmers eine alkoholbedingte Arbeitsunfähigkeit nach sich, so hat der Arbeitgeber deshalb in der Regel keine Lohnfortzahlung zu leisten bzw. er kann ggf. sogar kündigen – es sei denn, der Arbeitnehmer beweist, daß sein Rückfall nicht selbstverschuldet ist.

Die in diesem Modell nahegelegte Sichtweise des Rückfalls lautet kurz gesagt: Ein Rückfall ist Folge von Uneinsichtigkeit. Während von der

Rechtsprechung Alkoholismus als eine Krankheit eingestuft wird, wird diese Sichtweise beim Rückfall aufgegeben.

6.2.3 Die „organmedizinische Rückfallerklärung": Alkoholverlangen.

Die organmedizinische Rückfalltheorie, die auf Jellinek (1960) zurückgeht, besagt, daß das unwiderstehliche körperlich-psychische Verlangen nach Alkohol Rückfälle anbahnt. Das haben wir in Abschnitt 4. bereits angedeutet. Es wird dabei angenommen, daß in Art einer körperlich bedingten Eigendynamik ein aufkeimendes Verlangen ausbricht, das zum „ersten Schluck" führt. Dadurch wird ein physiologischer Prozeß ausgelöst, der das Verlangen weiter steigert. Das gesteigerte Verlangen führt zu vermehrtem Alkoholkonsum, der schließlich im Kontrollverlust (im unbändigen Betrinken) endet.

Dieses Modell besagt: Der Abhängige ist krank, nicht selbstverantwortlich, passiv-erleidend, er unterliegt seiner Krankheit.

Alle drei Erklärungsmodelle weisen mehrere Schwächen auf:

(1) Wie zuvor erwähnt, widersprechen die vorliegenden Ergebnisse der Rückfallforschung diesen „Erklärungen". In diesen „Erklärungen" werden wesentliche Rückfallentstehungsfaktoren gar nicht oder nicht gebührend berücksichtigt (z.B. unangenehme Gefühlszustände).

(2) Diese „Erklärungen" weisen eine ganze Reihe ungünstiger Folgen für die Behandlungspraxis auf:

(a) Der Rückfall erscheint nur in einem negativen Licht, und zwar in dem des Schlechten, Kranken und Unsinnigen.

(b) Es liegt eine „Abstinenzfixierung" vor, insofern die Abstinenz zum Behandlungsziel schlechthin wird. Die positiven Veränderungen, die trotz eines Rückfalls schon erreicht wurden oder durch den Rückfall möglicherweise eingeleitet werden, bleiben außer acht.

(c) Der Rückfall gilt als eine vertane Chance, als Scheitern und Mißerfolg der Behandlung. Der Rückfall wird als Rückschritt angesehen.

(d) Es wird dem Abhängigen nahegelegt, seine Rückfälligkeit als eigenes schuldhaftes Versagen und bei wiederholter Rückfälligkeit möglicherweise als gänzliche Unfähigkeit zur Abstinenz zu verbuchen. So, als ob es nur an ihm, dem Abhängigen, lag, daß er rückfällig geworden ist.

(e) Rückfälle werden auf einen einzigen Faktor zurückgeführt (Willensschwäche, Verlangen oder Uneinsichtigkeit) und nicht als Wechselspiel mehrerer sich bedingender Faktoren begriffen.

(f) Diese Negativsicht des Rückfalls hat begünstigt, daß das Thema

„Rückfall" während der Behandlung oftmals verpönt blieb oder bleibt. Sofern das Thema „Rückfall" überhaupt zur Sprache kommt, so beschränkt es sich manchmal auf die hinlänglich bekannte Belehrung: „Lassen Sie die Finger vom Alkohol weg. Der ‚erste Schluck' endet im Kontrollverlust." Die Mehrzahl der Abhängigen trinkt jedoch, wie anfangs belegt, ohnehin wieder – trotz dieses Appells. Dieser Appell allein ist in der Regel keine Hilfe. Damit läßt man insbesondere auch die Angehörigen mit ihrer tiefen Enttäuschung bis Ohnmacht nach einem Rückfall ihres Partners allein. Die fehlende Auseinandersetzung mit den Möglichkeiten eines Rückfalls führt gerade bei Angehörigen dazu, daß eingetretene Rückfälle für sie oft als Katastrophen erscheinen oder zu solchen werden (vgl. Rennert 1991).

Wenn jedoch das Rückfallthema nicht den ihm gebührenden Raum in Selbsthilfe- oder Therapiegruppen einnimmt, dann wird auch extrem erschwert, daß der von der Mehrzahl der Abhängigen insgeheim gehegte Wunsch nach kontrolliertem Trinken freimütig angesprochen wird. Die Tendenz von Alkoholabhängigen, die Möglichkeit der Rückfälligkeit zu verleugnen oder zu verdrängen, wird dadurch verstärkt. Solange dem Rückfall der Makel des Verwerflichen anhaftet, solange werden es Abhängige nach einem Rückfall möglichst lange hinauszögern, sich schnell Unterstützung zu suchen.

Das Resümee lautet deshalb:

> **Das klassische Verständnis des Rückfalls als Ausdruck von Willensschwäche, Alkoholverlangen oder Uneinsichtigkeit ist unzureichend. Und darüber hinaus: Das klassische Verständnis des Rückfalls ist in vielfältiger Weise schädlich.**

6.3 Neue Erklärungen für Rückfälligkeit

In den letzten Jahren wurden mehrere Rückfalltheorien entwickelt, die mit den oben genannten Ergebnissen gut übereinstimmen. Diese Theorien nehmen an, daß psychische und/oder soziale Bedingungen maßgebliche Vorläufer von Rückfällen sind. Auf die drei wichtigsten neuen Theorien soll im folgenden eingegangen werden.

6.3.1 Das verhaltenstheoretische Rückfallmodell von Marlatt. Ich möchte Sie in dieses Modell mit einem Beispielfall einführen.

Franz L. ist 49 Jahre alt, verheiratet und hat drei Kinder. Schon in seiner „nassen Zeit" war er ein „Arbeitstier". Das hat sich durch die Alkoholentwöhnungsbehandlung nicht geändert, im Gegenteil: Jetzt „langt er so richtig zu" und macht noch mehr Überstunden, um sich möglichst schnell seine Schulden vom Hals zu schaffen. Seine Zuverlässigkeit und Einsatzbereitschaft finden im Betrieb viel Lob, und das macht ihn besonders stolz. Die Arbeit hat in seinem Leben nämlich schon immer einen hohen Stellenwert eingenommen. Samstags nimmt er noch „nebenbei" privat einige Aufträge an.

Mit Zufriedenheit registriert er, wie gut er wieder alles im Griff hat und wie sein Schuldenberg sichtbar schrumpft. Allerdings geht es nicht gar so schnell damit, wie er sich dachte, denn seine Ansprüche an das Leben - und entsprechend seine Ausgaben - sind gestiegen.

Die Selbsthilfegruppe besucht er, wann immer es ihm möglich ist. Und das ist immer seltener der Fall, weil er während der Gruppenzeiten oftmals noch arbeitet, oder weil er von der Arbeit so erschöpft ist, daß er kaum noch aufnahmefähig ist.

In der Familie läuft es mittelmäßig. Einerseits sind alle froh, daß Franz L. nicht mehr trinkt und die finanziellen Sorgen geringer werden. Andererseits ist er oft mürrisch, überarbeitet und für die privaten Belange der Familie einfach kein Ansprechpartner. Gemeinsame Abende mit Freunden oder Ausflüge existieren nur noch in der Erinnerung. Das ruft Spannungen hervor, die meist unausgesprochen (aber spürbar) bleiben und von Zeit zu Zeit in deftigen Familienstreitigkeiten ausbrechen.

Herr L. ist in der Zwickmühle: Einerseits bedeutet ihm „seine Arbeit" sehr viel (immerhin gewinnt er darüber eine Menge an Selbstwertgefühl); innerlich kann und will er hier keine größeren Abstriche machen. Andererseits erlebt er die zunehmenden familiären Spannungen als bedrückend. Im übrigen fühlt er sich nun - fast ein Jahr nach Erreichen der Abstinenz - ausgelaugt und ohne enge Freunde, mit denen er sich richtig aussprechen könnte.

In dieser labilen Situation ist für ihn die Mitteilung der Geschäftsleitung des Betriebes, seine Abteilung aus Wirtschaftlichkeitsüberlegungen stillzulegen, wie ein Schlag vor den Kopf. In seinen Augen steht er vor dem Nichts, ist seiner Existenz beraubt. Das Angebot des Betriebes, ihn an einem anderen, weniger qualifizierten Arbeitsplatz einzusetzen, lehnt er - als Handwerksmeister - spontan ab. Auf Anraten seiner Ehefrau geht er auf dieses Angebot dann doch ein. Aber es bleibt beim Versuch. Er tut sich dermaßen schwer mit der neuen Arbeit, die im Schichtdienst zu verrichten ist, und fühlt sich insgeheim so gedemütigt (ihm als altem Mitarbeiter der Firma wurde so etwas zugemutet!), daß er nach sechs Wochen endgültig das Handtuch wirft. Diese Entscheidung erweist sich als „weder Fisch noch Fleisch": Einerseits hat sein Stolz gesiegt. Andererseits ist eine neue Arbeitsstelle in seiner Region und bei seinem Alter nicht in Sicht, so daß er wegen seines beruflichen Ausstiegs alsbald mit sich hadert. Das tägliche Herumsitzen in den eigenen Wänden ist für ihn zermürbend. Alles geht ihm auf die Nerven, und die Stimmung ist bis zum Platzen gespannt. Nach einem Streitgespräch mit seiner Frau setzt er sich in den Wagen und fährt in die nächste Kneipe, wo er sich einen Schnaps nach dem anderen „reinzieht".

Am nächsten Tag, als er wieder einen klaren Kopf hat, ist die Stimmung in der Familie am Tiefpunkt angelangt. Franz L. ist maßlos von sich selbst enttäuscht und macht sich Vorwürfe. Seine Frau ist stocksauer und spricht so gut wie kein Wort mit ihm. So geht es zwei Tage weiter. Seine Hoffnung, daß er diese sehr schwierige Situation ohne Alkohol meistern kann, schwindet immer mehr. Am dritten Tag stiehlt er sich aus dem Hause und tritt seinen nächsten Kneipenbesuch an. Beim ersten Glas Wein zögert er noch, sagt sich schuldbewußt, daß es doch besser wäre, gar nicht wieder anzufangen. Beim zweiten Glas sind diese Bedenken schon geringer, und er denkt, daß jetzt alles sowieso keinen Sinn mehr habe - er fühlt sich dem, was kommt, ohnmächtig ausgeliefert. Nach einigen weiteren Gläsern ist er gefühlsmäßig wie betäubt, alle Zweifel, Sorgen, Ängste und Selbstvorwürfe existieren nur noch in der Ferne.

Nachdem ihm seine Frau in dieser Nacht den Zugang zur Wohnung versagt, zieht er einige Tage von Kneipe zu Kneipe umher. In kürzester Zeit ist er völlig „versackt". An einem Abend wird er von Passanten unansprechbar am Erdboden aufgefunden. Der herbeigerufene Notarzt liefert ihn in ein Krankenhaus ein, in dem sich eine Entgiftung anschließt.

Nach Marlatt (1985) spielen bei Rückfällen vier Bedingungen eine entscheidende Rolle, die auch für die Rückfallvorbeugung zu beachten sind:

> **(1) Ein unausgewogener, durch zu viele Verpflichtungen und zu wenige Regenerationsmöglichkeiten geprägter Lebensstil ist ein gefährlicher Nährboden für Rückfälle.**

Im genannten Beispiel „klotzte" Herr L. unaufhörlich Überstunden, arbeitete am Wochenende und fand weder Zeit noch innere Ruhe, um sich zu entspannen und neue Kraft zu schöpfen.

(2) Risikoreiche Situationen bzw. belastende („kritische") Lebensereignisse können zu einer akuten Gefährdung der Abstinenz führen.

Im Beispiel: Der Sicherheitsabstand von Herrn L. zum Alkohol wird durch die Veränderungen am Arbeitsplatz und schließlich den Arbeitsplatzverlust immer geringer. Bei anderen sind es der Verlust einer nahestehenden Person, eine schwere Erkrankung oder gravierende Beziehungsprobleme, die eine Labilisierung der Abstinenzhaltung begünstigen. Auch angenehme Überraschungen, wie z.B. das Eingehen einer neuen Partnerschaft, können ein Risiko bedeuten.

(3) Die Abstinenzgefährdung führt zu einer Abstinenzaufgabe, wenn der entstandenen akuten Belastung nicht durch geeignete Bewältigungsfertigkeiten begegnet werden kann.

Herr L. war in dem Beispiel nicht in der Lage, sich innerlich auf die neue berufliche Situation einzustellen. Er war auch nicht dazu in der Lage, das ganztägige Zuhausesein ausfüllend zu gestalten – also etwa aktiv auf neue Stellensuche zu gehen, liegengebliebene Arbeiten in Angriff zu nehmen, sich mit anderen Arbeitslosen zu besprechen, einem Hobby nachzugehen oder die Zeit mit seiner Frau zu genießen. Eine kleine Meinungsverschiedenheit reichte dann aus, um die Hemmschwelle zu erneutem Alkoholkonsum zu übertreten.

(4) Ungünstige gedankliche und emotionale Prozesse fördern nach einem Ausrutscher die Ausweitung des Alkoholkonsums.

Zu diesen ungünstigen inneren Prozessen sind zu rechnen:
● die fehlende bzw. unzureichende Überzeugung, auftauchende Probleme ohne Alkohol bewältigen zu können;
● die Erwartung, daß Alkohol das eigene Befinden zumindest kurzfristig zum Angenehmen hin verändern wird;
● die Überzeugung, daß dieser erneute Alkoholkonsum ein weiterer Beweis dafür ist, daß man unfähig ist, „die Finger vom Alkohol zu lassen";
● die Überzeugung, daß man nach dem „ersten Schluck" die Kontrolle über den Alkohol ohnehin verloren hat: „Da ist ja sowieso nichts mehr daran zu ändern: Es ist wieder soweit (daß ich abstürze, d.h. mit dem Kontrollverlust)" (sich selbst erfüllende Prophezeiung);
● nagende Selbstvorwürfe (Schuld- und Schamgefühle) darüber, daß

man – trotz bester Vorsätze – wieder schwach geworden ist. (Vgl. dazu auch Abschnitt 4.)

Das verhaltenstheoretische Rückfallmodell hat für das Verständnis von Rückfällen die folgenden Neuerungen gebracht:

● Ausrutscher und Rückfall werden voneinander unterschieden.

● Ausrutscher und Rückfälle werden als steuerbare, beeinflußbare Phänomene angesehen.

● Die Bedeutung gedanklicher Prozesse für das Rückfallgeschehen wird differenziert herausgearbeitet.

● Der Rückfall wird seiner unterschwelligen Negativbedeutung entkleidet und sachlich, nüchtern und neutral betrachtet.

6.3.2 Das psychoanalytische Modell von Wohlfarth. Ich möchte Sie in diese Rückfalltheorie erneut mit einem Beispiel einführen (modifiziert nach Wohlfarth 1988, S. 163):

Frau A. ist eine 39jährige Büroangestellte. In ihrer Kindheit wächst sie im Elternhaus mit ihren drei Brüdern auf. Die Erziehung ist ausgesprochen patriarchisch: Der Vater sagt, was gemacht wird, und dem wird auch Folge geleistet. Insbesondere sie als Mädchen hat dabei nichts zu lachen. Sie ist so etwas wie das „fünfte Rad am Wagen". Sie bekommt so gut wie keine Anerkennung für das, was sie tut. Wie die Mutter, so ist auch sie gewohnt, sich anzupassen. Schon der Anblick des Vaters flößt ihr Respekt und Angst ein. Am Ende ihrer Kindheit ist sie ein Mensch, der wenig an sich glaubt, sich unsicher, scheu und ängstlich im Lebensalltag bewegt, sich wenig zutraut und Halt bei anderen sucht. Ihre Ausbildung zur Büroangestellten verläuft nach außen hin unauffällig. Im Gegensatz zu den anderen Auszubildenden erlebt sie aber immer wieder starke Minderwertigkeitsgefühle.

Frau A. konnte – psychologisch ausgedrückt – in ihrer Kindheit und Jugendzeit kein stabiles Selbstwertgefühl aufbauen.

Jahre später lernt sie ihren zukünftigen Ehemann kennen. Er ist gar nicht so verschieden von ihrem Vater: Ein „starker", dominanter und zuweilen aggressiver Mann, der „sagt, wo es lang geht", der durch seine selbstsichere Art aber auch ihre allgemeinen Lebensängste beruhigt. Gleichzeitig tut er recht rücksichtslos das, was ihm behagt. Aus seinen Verhältnissen zu anderen Frauen macht er keinen besonderen Hehl.

Im Laufe der Jahre spricht Frau A. ihren „Seelentröstern", dem Likör und Beruhigungstabletten, immer mehr zu. Nachdem sie die Kontrolle über Alkohol und Medikamente vollends verloren hat, beginnt sie schließlich – mit 39 Jahren – eine stationäre Langzeitbehandlung.

„Während der Therapie macht sie mehrmals Ansätze zur Trennung von ihrem Mann, die sie aber aus Angst vor dem Alleinsein immer wieder rückgängig macht. Bei einer Heimreise eröffnet ihr der Ehemann, daß er während ihrer Abwesenheit seine jetzige Freundin öfters in der ehelichen Wohnung empfangen habe. Sie fühlt sich erniedrigt und empört, kann aber ihre Gefühle nicht äußern. Statt dessen spürt sie den Wunsch nach Alkohol, der sich noch verstärkt, als sie am nächsten Tag ungewohnt ängstlich und unsicher beim Einkaufen in der Stadt ist. Als sie in einer Wohnungsangelegenheit bei der Hausverwaltung vorspricht und dort mit ihrem Anliegen kein Gehör findet, kauft sie in einer gleichgültig-apathischen Stimmung Likör und betrinkt sich, ohne jedoch währenddessen und danach Erleichterung zu verspüren." (a.a.O.)

Dieses Fallbeispiel kann folgendes verdeutlichen:

● Der Rückfall von Frau A. kann nicht auf Willensschwäche (bzw. Haltlosigkeit), Uneinsichtigkeit oder Alkoholverlangen reduziert werden.

● Die Abstinenz hat bei Frau A. nicht nur zu einer „Erlösung von dem quälenden Krankheitssymptom der Sucht" (a.a.O., S. 159) geführt. Abstinenz bedeutete für sie auch den schmerzhaften Verzicht auf eine Substanz, die ihr bislang dazu gedient hat, sich die Kränkungen durch ihren Ehemann stärker vom Leibe zu halten, gefühlsmäßig „nicht in den Keller abzurutschen" und ihre Selbstachtung zu bewahren.

● Der Rückfall stellt für Frau A. also keineswegs ausschließlich etwas Negatives, Unvernünftiges oder Krankhaftes dar. Der Rückfall ist für sie vielmehr ein Kompromiß zwischen einer unlösbar erscheinenden Belastung und deren Scheinlösung im erneuten Alkoholkonsum.

● Der direkte Auslöser des Rückfalls (der Konflikt mit der Hausverwaltung) erscheint wenig schwerwiegend und gibt – von außen betrachtet – keine hinreichende Erklärung des Rückfalls. Auf den ersten Blick hat Frau A. ohne hinreichenden Grund bzw. leichtfertig getrunken. Auf den zweiten Blick ist die Frustration in Zusammenhang mit der Wohnungsangelegenheit jedoch nur der letzte Tropfen, der das Faß zum Überlaufen bringt. Der eigentliche Grund bzw. Hintergrund des Rückfalls ist in der tiefen Kränkung ihrer Person zu sehen, die sie nicht anders als durch die Regression in den Rausch zu „bewältigen" versteht.

Dieses Beispiel läßt sich verallgemeinern und sollte zur Vorsicht bei Vereinfachungen mahnen:

> Geben Sie sich nicht mit einem Auslöser zufrieden, wenn Sie sich mit Hintergründen von Rückfällen beschäftigen. Die auslösenden Ereignisse erscheinen – für sich betrachtet – meist wenig schwerwiegend und legen ein oberflächliches Verständnis von Rückfällen nahe.

● Frau A. hatte über Jahre hinweg von ihrem Ehemann so gut wie keine Bestätigung mehr erhalten, was ihr ohnehin geringes Selbstwertgefühl noch weiter „brüchig" gemacht hat. Sie reagierte dann bereits auf kleine Belastungen äußerst empfindlich. Eine Kränkung bzw. tiefe, durch nichts mehr behebbare Enttäuschung (wie hier durch den Ehemann) war bei ihr – wie bei vielen anderen – der Auslöser für einen Rückfall. Es läßt sich verallgemeinern:

> Chronische Belastungssituationen wie „zerrüttete" Partnerschaften, längere Arbeitslosigkeit oder langwierige Erkrankungen bilden oft den Nährboden für Rückfälle.

● Die vorherigen Ausführungen laufen alle auf folgenden Kerngedanken der psychoanalytischen Rückfalltheorie von Wohlfarth (1988) hinaus: Die Basis eines Rückfalls ist sehr oft eine tiefgreifende Störung des Selbstwertgefühls, die auch als „narzißtische Störung" bezeichnet wird. Störungen des Selbstwertgefühls zeigen sich z.B. in hoher Kränkbarkeit (das hat das obige Beispiel deutlich gemacht), in der Neigung zu wirklichkeitsfernen Zielen und Idealen sowie in Gefühlen von Leere und Sinnlosigkeit. Das bedeutet:

> Rückfälle sind häufig Versuche, eine Selbstwertkrise zu bewältigen, d.h. sich vor weiterer Kränkung, vor Resignation und vor anderen Leiden, die unerträglich sind oder so erscheinen, zumindest zeitweise zu schützen.

Rückfälle sind somit vielfach als *sinnhafter Widerstand* gegen die mit der Abstinenz einhergehenden Einbrüche in das Selbstwertsystem anzusehen.

6.3.3 *Das systemische Rückfallmodell von Schmidt.* Oben wurde erwähnt, daß soziale Einflußfaktoren Rückfälle begünstigen können. Über welche sozialen Prozesse Rückfälle entstehen können, hat Schmidt

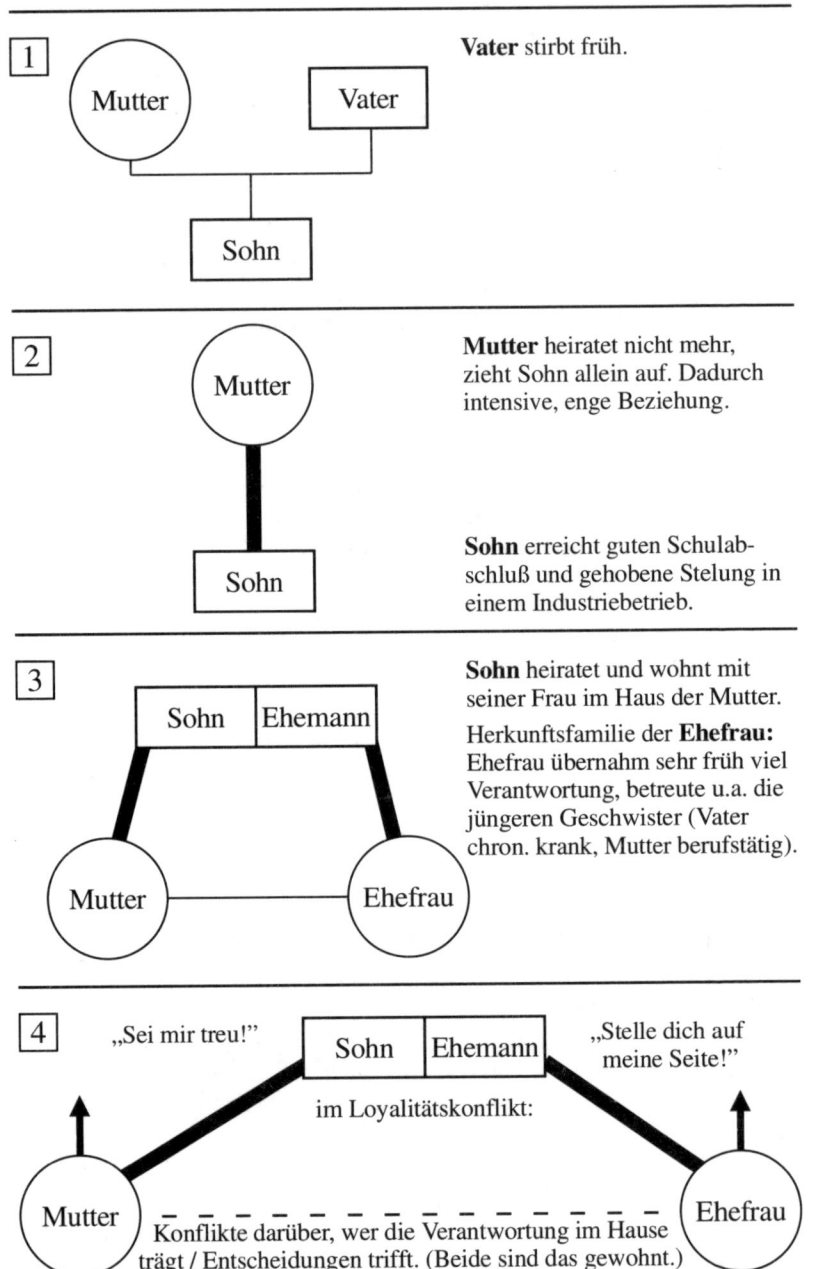

1 **Vater** stirbt früh.

Mutter — Vater

Sohn

2 **Mutter** heiratet nicht mehr, zieht Sohn allein auf. Dadurch intensive, enge Beziehung.

Mutter

Sohn

Sohn erreicht guten Schulabschluß und gehobene Stelung in einem Industriebetrieb.

3 **Sohn** heiratet und wohnt mit seiner Frau im Haus der Mutter.

Sohn | Ehemann

Herkunftsfamilie der **Ehefrau:** Ehefrau übernahm sehr früh viel Verantwortung, betreute u.a. die jüngeren Geschwister (Vater chron. krank, Mutter berufstätig).

Mutter — Ehefrau

4 „Sei mir treu!"

Sohn | Ehemann

„Stelle dich auf meine Seite!"

im Loyalitätskonflikt:

Mutter

Ehefrau

Konflikte darüber, wer die Verantwortung im Hause trägt / Entscheidungen trifft. (Beide sind das gewohnt.)

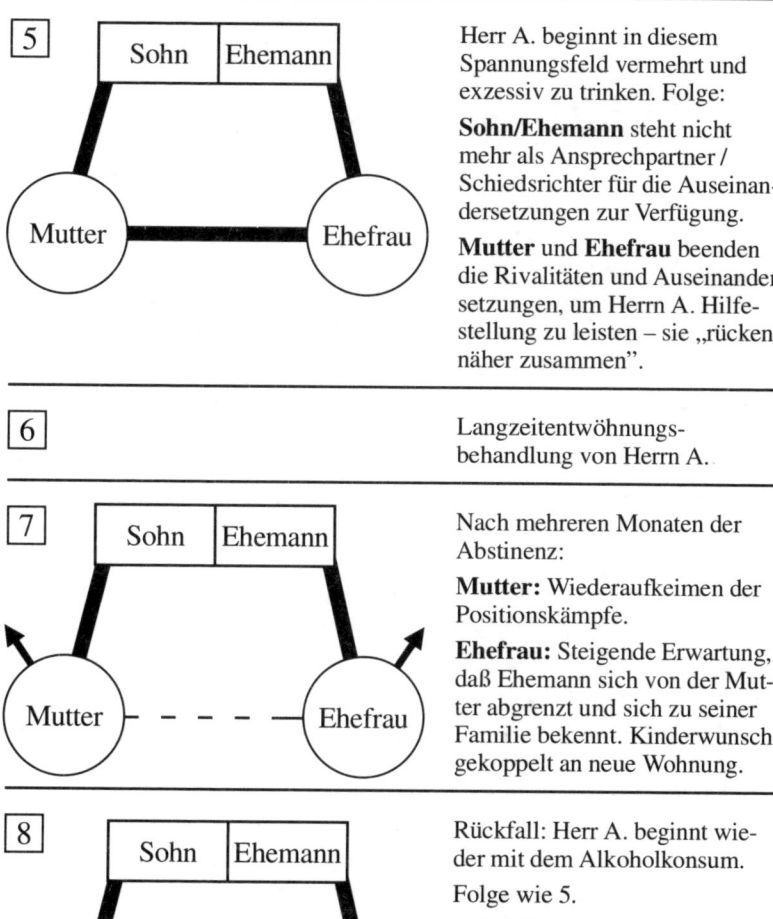

5 Sohn | Ehemann — Mutter — Ehefrau	Herr A. beginnt in diesem Spannungsfeld vermehrt und exzessiv zu trinken. Folge: **Sohn/Ehemann** steht nicht mehr als Ansprechpartner / Schiedsrichter für die Auseinandersetzungen zur Verfügung. **Mutter** und **Ehefrau** beenden die Rivalitäten und Auseinandersetzungen, um Herrn A. Hilfestellung zu leisten – sie „rücken näher zusammen".
6	Langzeitentwöhnungsbehandlung von Herrn A.
7 Sohn | Ehemann — Mutter – – – Ehefrau	Nach mehreren Monaten der Abstinenz: **Mutter:** Wiederaufkeimen der Positionskämpfe. **Ehefrau:** Steigende Erwartung, daß Ehemann sich von der Mutter abgrenzt und sich zu seiner Familie bekennt. Kinderwunsch gekoppelt an neue Wohnung.
8 Sohn | Ehemann — Mutter — Ehefrau	Rückfall: Herr A. beginnt wieder mit dem Alkoholkonsum. Folge wie 5. **Sohn/Ehemann** hat den Loyalitätskonflikt auf bewährte Art „gelöst". **Mutter** und **Ehefrau** beenden die häuslichen Streitereien. Solidarisierung zum Wohle des Kranken – „Kranke gehören geschont".

Abbildung 4: Die systemische Sichtweise von Rückfällen anhand eines Beispieles (weitere Erläuterungen im Text)

(1988) im Rahmen des Ansatzes der systemischen Familientherapie dargestellt. Wie man sich das im Einzelfall vorstellen kann, soll das folgende Beispiel demonstrieren (modifiziert nach Schmidt 1988, S. 193; vgl. dazu Abbildung 4).

Herr A., 36 Jahre alt, ist alkoholabhängig und rückfällig. Um diesen Rückfall nachvollziehen zu können, ist es wichtig, einen Blick auf Herrn A.s Lebensgeschichte zu werfen.

(1) Bereits in Herrn A.s Kindheit stirbt sein Vater.

(2) Die Mutter widmet in den folgenden Jahren ihre ganze Zeit und Kraft der Erziehung ihres Sohnes und der finanziellen Absicherung des Eigenheimes. Dadurch entwickelt sich eine enge Beziehung zwischen Mutter und Sohn (in Abbildung 4 durch dicke Striche angedeutet). In späteren Jahren wird Herr A. durch seine gehobene Stellung in einem Industriebetrieb sehr gefordert, was ihn öfters zu einem Cognac in seiner Schublade greifen läßt.

(3) Mit 28 Jahren lernt er seine spätere Ehefrau kennen. Sie zieht zu ihm in das obere Stockwerk des mütterlichen Hauses, die Mutter bewohnt die untere Etage.

Seine Frau war in ihrer Herkunftsfamilie eine Art Mutterersatz: Da der Vater schwerkrank war und die Mutter arbeiten ging, übernahm sie – als Älteste – vielfältige Aufgaben im Haushalt und die Aufsicht der jüngeren Geschwister.

(4) Nach einigen Monaten entstehen zwischen Mutter und Ehefrau Konflikte, da beide gewohnt sind, viel Verantwortung zu übernehmen und Entscheidungen gemäß ihren Vorstellungen durchzusetzen. An Fragen wie etwa der, ob die Mutter freien Zugang zu der ehelichen Wohnung haben dürfe, entzünden sich massive Streitigkeiten. Der Sohn sieht sich vor einen für ihn nicht auflösbaren Loyalitätskonflikt gestellt: Ergreift er eindeutig Partei für seine Mutter, ist seine Ehefrau „eingeschnappt". Umgekehrt bedeutet eine Parteinahme für seine Ehefrau eine tiefe Kränkung der Mutter, also der Frau, die ein Leben lang nur für ihn da war.

(5) In diesem Spannungsfeld vermehrt sich Herrn A.s Alkoholkonsum drastisch. Die Folge: Er hält sich die Auseinandersetzungen zumindest zeitweise vom Leibe – er ist einfach nicht mehr darauf ansprechbar. Und gleichzeitig tut sich Wundersames zwischen den Frauen: Sie stellen ihre Reibereien um so mehr ein, je unkontrollierter Herr A. dem Alkohol zuspricht – beide Frauen fühlen sich zu gemeinsamer Hilfe für ihn aufgerufen.

(6) Der Alkoholkonsum steigert sich und hält an. Herr A. unterzieht

sich schließlich – mit Unterstützung beider Frauen – einer stationären Langzeitbehandlung. Während der Therapie nimmt seine Frau an einem Angehörigenseminar teil. Sie lernt, daß das unkontrollierte Trinken nicht Ausdruck eines Unwillens zur Abstinenz, sondern eine Eigentümlichkeit der Krankheit Alkoholismus ist.

(7) Nach Beendigung der Therapie und nach Monaten der Abstinenz keimen die alten Positionskämpfe zwischen den Frauen wieder auf. Seine Frau erwartet von ihrem Ehemann eine deutlichere Abgrenzung von seiner Mutter. Zudem wächst der Kinderwunsch des Ehepaars, der aber auch den Gedanken einschließt, sich eine geräumigere Wohnung suchen und ausziehen zu müssen.

(8) In dieser Situation wird Herr A. massiv rückfällig. Ergebnis: Herr A. muß in seinem neuerlichen Loyalitätskonflikt keine Entscheidung treffen. Die beiden Frauen stellen ihre Auseinandersetzungen ein und bemühen sich gemeinsam um Herrn A.

Dieses Beispiel veranschaulicht die Grundauffassung, die die systemische Familientherapie hinsichtlich Rückfälligkeit hat:

> **Die Abstinenz stellt für das Zusammenleben mancher Familien dann eine Bedrohung dar, wenn alte, verdeckte und in der Phase des massiven Trinkens zurückgestellte Konflikte wieder in den Vordergrund rücken.**

In dem zuvor aufgeführten Beispiel waren dies die Auseinandersetzungen zwischen der Ehefrau und der Mutter. Der trockene Alkoholabhängige befürchtet beim Eskalieren dieser Konflikte ein Auseinanderbrechen der Familie. Trinkt er wieder, so stellt er dadurch den stabileren alten Zustand wieder her, der als weniger beziehungsgefährdend erlebt wurde. In dem genannten Beispiel stellen die Ehefrau und die Mutter nach dem massiven Wiedertrinken ihre Rivalitäten darüber, wer „das Sagen" im gemeinsam bewohnten Haus hat, ein. Dies entlastet den alkoholabhängigen Mann von dem Druck, sich für bzw. gegen eine der beiden Frauen entscheiden zu müssen. Diese Konfliktentschärfung gelingt um so besser, je mehr der Rückfällige als der Problemfall und als Opfer seiner Krankheit angesehen wird. Nach dem Motto „Kranke gehören geschont" werden akute Konflikte und die Einbeziehung des Rückfälligen in die Verantwortung an Konfliktlösungen zurückgestellt, Belastungen werden von ihm abgewendet.

> **Ein Rückfall ist aus dieser Sichtweise eine systemgestaltende Entscheidung: ein Auseinanderbrechen der Familie wird abzuwenden versucht.**

In diesem Sinne wird der Rückfall als (nicht bewußte) *positive* Entscheidung *für* den Erhalt der Familie, die in Folge der Abstinenz auseinanderzubrechen droht, eingestuft und von seiner Negativsicht befreit. Die systemische Sichtweise des Rückfalls führt zu einem wichtigen Hinweis für Therapeuten:

> **Rückfälle können einen Widerstand gegen ein Zuviel oder ein Zuschnell an Veränderung ausdrücken. Ein Rückfall ist somit für Therapeuten ein wichtiger Hinweis, an dem sie ihr Vorgehen überprüfen können. Dieses entspricht möglicherweise nicht den Wünschen/Zielen und dem Veränderungstempo der beteiligten Familienmitglieder.**

Die vorausgehend dargestellen drei Rückfallkonzepte (von Marlatt, Wohlfarth und Schmidt) führen zu einigen positiv zu bewertenden Neuerungen im Rückfallverständnis und in der Rückfallarbeit:

(a) Rückfälle können als *sinnhafte* Verhaltensweisen des Abhängigen angesehen werden. Rückfälle stehen im Interesse des eigenen Wohles und des Wohles des sozialen Umfeldes, insofern sie eine (Pseudo-) Lösung für eine schwierige Lebenssituation darstellen. In diesem Sinne sind Rückfälle zu würdigen und keineswegs nur negativ einzuschätzen.

(b) Rückfälle werden als *therapeutisch nutzbare Erfahrungen* betrachtet. Im Rückfall drückt sich Sinnhaftigkeit aus – dieser Sinn ist ausfindig, transparent und zugänglich zu machen. Rückfälle können dadurch ihrer Magie entkleidet werden. Die für die weitere Therapie förderlichen Elemente des Rückfalls können zum therapeutischen Wegweiser werden.

(c) Die psychologisch-psychotherapeutischen Rückfallmodelle betonen die Notwendigkeit, im Rahmen einer Suchtbehandlung psychische und zwischenmenschliche Weiterentwicklungen – und nicht nur vordergründig und verkürzt die Abstinenz – zu würdigen, um alle erreichten Veränderungen angemessen beurteilen zu können. Es wird mit anderen Worten eine *Relativierung des Abstinenzziels* nahegelegt. (Vgl. dazu Beitrag Wohlfarth, in diesem Band.)

(d) *Geduld und Gelassenheit* als Prinzipien im Umgang mit Rückfälligkeit gewinnen an Bedeutung. Psychotherapeutische Rückfallkonzepte fördern die Sichtweise, daß sich menschliches Verhalten nicht in einem Ruck verändert – schon gar nicht Verhaltensprobleme. Entwicklungsprozesse benötigen Zeit.

(e) Rückfälle sind *nicht auf ein Unvermögen des Therapeuten zu reduzieren*. Dies schließt nicht aus, daß Therapeuten einen maßgeblichen Faktor in der Rückfallentstehung bilden können (etwa bei negativen Gegenübertragungsreaktionen).

7. Bei der Entstehung von Rückfällen wirken in der Regel mehrere Bedingungen zusammen

Im vorigen Abschnitt wurden aus der Gesamtzahl von ca. 20 Rückfalltheorien sechs ausgewählte dargestellt. Jede der Theorien trifft im einen Fall mehr, im anderen Fall weniger zu. Deshalb ist es angeraten, bei der Betrachtung eines konkreten Rückfalles mehrere mögliche Entstehungsfaktoren in Betracht zu ziehen:

Es ist davon auszugehen, daß Rückfälle in der Regel durch ein Bedingungsgefüge sich wechselseitig beeinflussender Faktoren, nicht jedoch durch nur einen einzigen Faktor entstehen. „Die" Rückfallursache schlechthin gibt es nicht.

Das Rückfallgeschehen ist äußerst dynamisch! Deshalb ist es immer notwendig, Rückfallmuster für jeden Einzelfall getrennt aufzuschlüsseln. Das gilt nicht zuletzt dann, wenn es wegen Rückfälligkeit am Arbeitsplatz zu einem juristischen Nachspiel kommt (vgl. Beitrag Fleck, in diesem Band).

Wie schon erwähnt, wurde im vorigen Abschnitt aus der Gesamtheit der Rückfalltheorien nur eine Auswahl der zentralsten vorgestellt. Die folgende Zusammenstellung gibt eine Übersicht über die Faktoren, die nach momentanem Kenntnisstand für die Entstehung von Rückfällen in Betracht zu ziehen sind. Um es noch einmal zu sagen: Die Bedeutung dieser Faktoren variiert von Rückfall zu Rückfall. Anders gesagt: Die einzelnen Faktoren haben von Rückfall zu Rückfall eine unterschiedliche (z. T. auch gar keine) Bedeutung.

Faktoren, die die Entstehung und das „Auswachsen" von Rückfällen begünstigen

(1) Die bisherigen, möglicherweise *fest eingeschliffenen Trinkgewohnheiten.* Wer über viele Jahre oder gar Jahrzehnte hinweg massiv Alkohol konsumiert hat, unterliegt einer erhöhten Gefahr, bereits bei kleineren Unaufmerksamkeiten in die alte Trinkroutine zurückzufallen.

(2) Ein *Lebensstil,* der von Überforderung, zuviel Arbeit, wenig Ausgleich, wenig Erholung und wenig Entspannungsphasen geprägt ist (vgl. Abschnitt 6.3).

(3) Das Auftreten von *kritischen Lebensereignissen,* wie Tod oder Trennung von einer nahestehenden Person, neue Verliebtheit, Kündigung, eine nicht abgesprochene berufliche Versetzung eines alkoholabhängigen Arbeitnehmers nach Rückkehr aus stationärer Therapie usw. (vgl. Abschnitt 6.3).

(4) Die Art der *Gedanken* bezüglich Alkohol. Dazu gehören z. B. die Überzeugung, kontrolliert trinken zu können; die Erwartung, durch Alkohol den eigenen Gefühlszustand positiv beeinflussen zu können; die Erwartung bzw. Überzeugung, Trinkgelegenheiten schlecht widerstehen zu können; die Zurückführung des „ersten Schlucks" auf Willensschwäche oder eigene Unfähigkeit zur Abstinenz (vgl. Abschnitt 6.3).

(5) *Gefühlszustände,* wie etwa Gekränktheit, Ängste, Gereiztheit, diffuse Verstimmungen, Stimmungsschwankungen, Gefühle der Euphorie, Grandiosität, Leere oder Sinnlosigkeit; Schuldgefühle nach dem „ersten Schluck" usw. (vgl. Abschnitt 6.).

(6) *Unzureichende soziale Fertigkeiten.* Darunter fallen solche Schwierigkeiten wie: zu anderen Menschen keine befriedigenden Kontakte aufnehmen und aufrechterhalten zu können (was zu sozialer Isolation und Einsamkeit führen kann); sich anderen gegenüber nicht abgrenzen zu können, also etwa dann nicht „nein" zu sagen, wenn man etwas nicht möchte (z.B. mittrinken).

(7) *Anhaltende unangenehme körperliche Zustände* (z. B. starke Schmerzen).

(8) *Situative Faktoren.* Dazu gehören etwa Trinkaufforderungen durch andere („Nun hab' dich nicht so und trinke einen mit!"), „feuchtfröhliche Feiern" (etwa im Betrieb), ein generell hoher Alkoholkonsum am Arbeitsplatz u. a. m.

(9) Das *fest ausgebildete psychische System* des Abhängigen. In diese Kategorie fallen z.B.: ein generell niedriges Selbstwertgefühl; Schwierig-

keiten, nach Enttäuschungen oder Kränkungen zu einem ausgeglichenen Selbstwertgefühl zurückzufinden (vgl. Abschnitt 6.3).

(10) *Soziale Bedingungen.* Unter „soziale Bedingungen" werden hier vor allem die folgenden Faktoren verstanden: dauerhafte Spannungen in der Familie; eine durch starke gegenseitige Abhängigkeiten geprägte Familienstruktur, die (auch) die Ablösung oder Eigenständigkeit des abhängigen Familienmitglieds erschwert (vgl. Abschnitt 6.3); eine sozial isolierte Lebensweise.

(11) *Die generellen Arbeits- und Lebensbedingungen.* Dazu sind eine permanente Über- oder Unterforderung am Arbeitsplatz, anhaltende Arbeitslosigkeit, Wohnsitzlosigkeit u. a. m. zu rechnen.

(12) Im Einzelfall ist als Rückfallhintergrund auch die Art der zuvor stattgefundenen *Behandlung* in Erwägung zu ziehen. Gemeint sind damit z. B. eine zu kurze oder vom Therapieangebot her unzureichende Alkoholentwöhnungsbehandlung, eine vorzeitige Entlassung aus der Therapie während einer persönlichen Krisensituation u. a. m. (vgl. Beitrag Körkel, in diesem Band).

Selbst ein Zusammentreffen mehrerer dieser Bedingungen muß allerdings nicht notgedrungen zu einem Rückfall führen. Eine „günstige" Ausprägung einiger der zuvor genannten Faktoren kann das Rückfallrisiko bereits deutlich verringern: gute Abgrenzungs- und Selbstbehauptungsfertigkeiten bei Trinkverführungen, ein ausgewogener Lebensstil usw. Darüber hinaus sind als *„Rückfallhemmer"* insbesondere zu nennen:

(1) Regelmäßige *Teilnahme an Selbsthilfegruppen-, Beratungs- oder Therapiegesprächen* (vgl. dazu Abschnitt 9.).

(2) *Alkoholpräventionsprogramme* im Betrieb, insbesondere dann, wenn sie das Thema des Rückfalls einbeziehen (vgl. Beitrag Dittmann und Möser, in diesem Band).

(3) Soziale Beziehungen (*„Netzwerke"*), in die man eingebettet ist, die die abstinente Lebensweise unterstützen und die nicht zuletzt in Krisensituationen für einen da sind (vgl. Rennert 1991).

Nach dieser Auflistung dürfte noch einmal deutlich geworden sein, wie wenig der (fehlende) Wille, die (nicht vorhandene) Einsicht und die (autonomen) Körperreaktionen als Erklärungen für Rückfälle ausreichen.

8. Rückfälle sind Entwicklungschancen

Aus den vorangegangenen Abschnitten kann man, verkürzt ausgedrückt, schließen: Rückfälle sind vielfach Rettungsanker, „wenn nichts anderes mehr geht" oder auch Notbremsen, wenn die Veränderung zu schnell geht. Dies bleibt auf den ersten Blick verborgen, denn da erscheinen Rückfälle oftmals als unsinnige oder krankhafte Entgleisungen. Wenn sich in Rückfällen aber ein Sinn ausdrückt, dann kann man Rückfälle auch als Chance sehen, diesen Sinn zu entschlüsseln. Anders gesagt, tragen Rückfälle die Chance der Weiterentwicklung und des Neubeginns in sich (vgl. auch Hambrecht 1988):

8.1 Rückfälle können – ganz allgemein gesehen – zur Auseinandersetzung mit der Realität anregen, die man manchmal verblendet sieht und nicht so recht wahrhaben möchte. Rückfälle können also die Aufmerksamkeit unübersehbar auf die Dinge richten, mit denen man in seinem Leben schlecht zurechtkommt, wie etwa der nicht überwundene Tod einer nahestehenden Person, permanente Selbstüberforderung am Arbeitsplatz oder eine zerrüttete Ehesituation.

8.2 Rückfälle können den Weg von der Symptomfreiheit zur Strukturveränderung ebnen. Damit sind die schon mehrfach erwähnten Fälle gemeint, in denen ein Rückfall offenbart, daß es mit dem Weglassen des Alkohols häufig nicht getan ist. Ein Beispiel:

Herr H. ist 28 Jahre alt, alkoholabhängig, von Beruf Fliesenleger, noch bei seinen Eltern lebend. Er hat in der stationären Therapie gelernt, eigenständig Entscheidungen zu treffen, anderen zu sagen, was er an ihnen mag und was er nicht mag, sich selbst ernst zu nehmen u. a. m.

Nach seiner Rückkehr aus der stationären Therapie wird in der Familie weiterhin für ihn gedacht und gefühlt (zumindest im Bild der Beteiligten). Seine Entfaltung eigener Interessen wird als schroffe Abkehr von der Familie angesehen. Kurzum: in der Familie wird ihm so gut wie kein Raum für Eigenständigkeit und Eigenverantwortlichkeit gelassen. Die Atmosphäre wirkt durch das angestrengte Bemühen um „wir sind doch alle einer Meinung" gespannt und erdrückend.

Im Anschluß an eine Serie von Meinungsverschiedenheiten mit seiner Mutter verläßt Herr H. eines abends türeknallend das Haus und betrinkt sich in seiner früheren Stammkneipe.

Dieser Rückfall bietet die Chance, an den bisher nicht oder nicht ausreichend berücksichtigten *Beziehungsstrukturen* zu arbeiten. In der Familie gibt es nämlich weiterhin keinen „gesunden" Ausgleich zwischen Nähe und Distanz. Man kann vermuten, daß in der Familie stillschweigend der Glaube vorherrscht, daß sie auseinanderbrechen würde, wenn jeder seine eigenen Bedürfnisse, Gedanken und Impulse ausleben und sich abgrenzen würde.

8.3 Rückfälle bieten die Möglichkeit zu einer angemessenen Verarbeitung eines eventuell wiederkehrenden Ereignisses. Auch hierzu ein Beispiel: *Der 44jährige Herr P. hat sich in seiner Therapie eine abstinente Lebensweise angeeignet. Es ist motiviert, keinen Alkohol mehr zu konsumieren. Dies fällt ihm während der Therapie auch nicht sonderlich schwer. Dort gibt es genügend Ablenkung, und kürzere Stimmungstiefs sind dank der vielen Gruppenaktivitäten und seines unternehmungslustigen Zimmerkollegen schnell verflogen. Seine seit Jahren wiederkehrenden depressiven Zustände sind fast wie verschwunden, und er hält sie schon für überwunden. Dementsprechend sind die Zusammenhänge zwischen seinem Alkoholkonsum und seinen Stimmungszuständen kein zentrales Thema in der Therapie.*

Nach Therapieende erlebt er wieder deutlicher Phasen depressiver Verstimmung: Leere- und Einsamkeitsgefühle, Energielosigkeit, Desinteresse an Kontakten mit anderen Menschen, Grübeln und Schlaflosigkeit. Mit der Zeit werden diese Zustände so quälend, daß Herr P. wieder seinen Wein zu sich nimmt – sozusagen „als Medizin".

Der Rückfall „passierte" nicht einfach so. Herrn P. war durchaus bewußt, was er tat – aber er wußte sich nicht mehr anders zu helfen, nachdem die Gespräche in der Selbsthilfegruppe und mit Freunden auch keine durchgreifende Besserung gebracht hatten.

Dieser Rückfall hat Herrn L. zu dem zurückgeführt, was ihn in seinem Leben auch ohne Alkoholkonsum begleitet: zu seinen wiederkehrenden, manchmal gar nicht recht erklärbaren depressiven Verstimmungen.

Herr L. ergriff die Chance, durch die Teilnahme an einer ambulanten Therapiegruppe mit seinen Stimmungstiefs anders umgehen zu lernen.

8.4 Schließlich sollte nicht unberücksichtigt bleiben, daß Rückfälle die Therapeut-Patient-Beziehung positiv beeinflussen können. Wenn der Therapeut den Rückfall nicht gleich als eine persönliche Niederlage erlebt (oder über diese hinwegkommt), werden auch ihm vielfach die Augen geöffnet: Er kann möglicherweise erkennen, daß er das derzeitige Veränderungsvermögen des Patienten überschätzt hat. Ihm wird vielleicht auch deutlich, daß er mit dem Ziel der Abstinenz ein Mehr an Veränderung wollte als der Patient selbst (letzterer hat vielleicht einen –

gescheiterten – Versuch des kontrollierten Trinkens gestartet, weil dies sein geheimes Ziel gewesen ist). Und der Rückfall kann den Therapeuten auch in der Weise weiterbringen, daß er lernt, die Verantwortung für das Verhalten anderer Menschen diesen selbst zu überlassen – und nicht auf Rückfälle so zu reagieren, als müsse er selbst (sozusagen für den Abhängigen) dessen Folgen tragen (vgl. Beitrag Gehring und Herder, in diesem Band).

Um den schon mehrfach erwähnten Gedanken nicht in Vergessenheit geraten zu lassen: Die zuvor genannten Überlegungen sollten nicht zu der irrigen Überzeugung verführen, die Chancen eines Rückfalls würden immer genutzt bzw. alle Rückfälle wären ausschließlich in einem positiven Licht zu sehen: Insbesondere länger andauernde Rückfälle ziehen zum Teil erhebliche negative Folgen nach sich (vgl. Abschnitt 5.).

9. Rückfällen kann vorgebeugt werden, und bereits eingetretene Rückfälle können „aufgefangen" werden

Dem Phänomen Rückfall muß man nicht tatenlos gegenüberstehen! Rückfälle können durch bestimmte Maßnahmen abgewendet und eingetretene Rückfälle können zum Stillstand gebracht werden.

9.1 Rückfallvorbeugung

Aus der Rückfallforschung lassen sich folgende Schlußfolgerungen ziehen (vgl. Körkel 1991; Körkel und Lauer 1988):
● Spezielle (verhaltenstherapeutische) „Rückfallvorbeugungsgruppen" am Ende stationärer Behandlungen haben – nach amerikanischen und norwegischen Studien – nicht dazu geführt, daß es zu weniger Rückfällen kam. Das kann natürlich auch daran liegen, daß bereits „Standardbehandlungen" wirksame Elemente zur Rückfallvorbeugung enthalten. Wie auch immer man dieses Ergebnis interpretiert, so sollte man sich dennoch klarmachen:

> **Es sind bislang noch keine „Sondermaßnahmen" in stationären Behandlungen bekannt, die ermöglichen, daß es zukünftig seltener zu Rückfällen kommt.**

● Die wirksamste Form der Rückfallvorbeugung ist nach den vorliegenden Untersuchungen eine intensive Nachsorge im Anschluß an eine alkoholbezogene Behandlung.

● Nach der mehrfach erwähnten Studie des Max-Planck-Instituts (Küfner et al. 1988) geht regelmäßige Selbsthilfegruppenteilnahme über vier Jahre nach der stationären Entlassung hinweg bei Männern mit 71 Prozent Abstinenz einher; bei keinem bzw. unregelmäßigem Selbsthilfegruppenanschluß bleiben nur 46 Prozent abstinent. Bei Frauen beträgt das Verhältnis 45 Prozent (bei regelmäßiger Selbsthilfegruppenteilnahme) zu 35 Prozent (bei keinem bzw. unregelmäßigem Selbsthilfegruppenanschluß).

> **Die etablierten Selbsthilfegruppen für Alkoholabhängige erzielen offenbar bei Männern eine deutlich stärkere rückfallvorbeugende Wirkung als bei Frauen.**

Dabei ist in Erwägung zu ziehen, daß alkoholabhängige Frauen häufiger als Männer gleichzeitig medikamentenabhängig sind, so daß ihre Rückfallanfälligkeit höher anzusiedeln ist.

Allerdings ist auch darauf hinzuweisen, daß Frauen – gemessen am Anteil aller stationär behandelten Frauen – in Selbsthilfegruppen unterrepräsentiert sind. Sind Selbsthilfegruppen für Frauen weniger „einladend" (zu männerbeherrscht)? Halten Männer ihren Frauen „den Rücken zu wenig frei", daß diese eine Gruppe aufsuchen können?

● Ebenfalls günstig sehen die Wirkungen von Gruppentherapie aus: 65 Prozent derer, die in den ersten 18 Monaten nach Therapieende regelmäßig eine ambulante Therapiegruppe besuchen, sind abstinent, aber nur 36 Prozent derer mit unregelmäßiger Teilnahme (Küfner et al. 1986). Das erstmalige Auftreten von Rückfällen verhindern Nachsorgeangebote allerdings erst dann wirksam, wenn an ihnen direkt nach der Entlassung, regelmäßig und über einen längeren Zeitraum teilgenommen wird:

> **Die Teilnahme an Selbsthilfegruppen, an ambulanter Beratung und/oder an Psychotherapie reduziert die Wahrscheinlichkeit eines Rückfalls deutlich.**

> **Selbsthilfegruppen- oder Beratungsgespräche sollten direkt nach Ende einer stationären Behandlung begonnen werden sowie mindestens einmal wöchentlich stattfinden und über einen Zeitraum von mindestens einem Jahr andauern.**

In Abschnitt 6.2 wurde betont, daß meist unangenehme Gefühlszustände die Vorläufer von Rückfällen darstellen. Deshalb ist hinsichtlich des *Inhaltes* von Nachsorgegesprächen festzuhalten – und zwar unabhängig davon, ob sie in einer Selbsthilfegruppe, bei einem Therapeuten oder etwa in der betrieblichen Suchtberatung stattfinden:

> **In Nachsorgegesprächen sollten immer wieder die Gefühle bzw. das Befinden zentrales Thema sein. Denn es gibt vielfältige Anhaltspunkte dafür, daß ein belastender innerer Stimmungszustand der wichtigste Rückfallvorläufer ist.**

Keine Antwort gibt es bislang auf die folgenden Fragen: Welche Person profitiert von welchem Nachsorgeangebot am meisten? Läßt sich die Rückfallrate weiter senken, wenn Selbsthilfegruppen *plus* Beratung/ Psychotherapie in Anspruch genommen werden? Angesichts der ausgesprochen hohen Wirksamkeit von Selbsthilfegruppen ist aber eine Teilnahme an ihnen auf jeden Fall zu empfehlen (vgl. Hirsmüller 1991 und Klement 1991).

In der Forschungsliteratur werden darüber hinaus die folgenden Empfehlungen zur Rückfallvorbeugung ausgesprochen:

> **In der Anfangszeit der Abstinenz (insbesondere im ersten Halbjahr nach einer stationären Therapie) sollten gefährdende Situationen wie etwa Feste, auf denen Alkohol getrunken wird, gemieden werden. Erst später sollte man sich wieder – wenn überhaupt – derartigen Versuchungssituationen aussetzen. Gleichzeitig sollten Kompetenzen erworben werden, um mit Versuchungen „klarzukommen" (z.B. unmißverständlich „nein" zu sagen).**
>
> **Der eigene Lebensrhytmus sollte ins Gleichgewicht gebracht werden. Das heißt: Man sollte sich nicht zuviel durch Arbeit und andere Verpflichtungen abverlangen und dafür sorgen, daß Ruhe, Erholung, Entspannung, Freude und soziale Kontakte im Alltag nicht zu kurz kommen. Gegebenenfalls sollte man sich neue Hobbies (z.B. joggen) zulegen.**
>
> **Ein wiedergefundener oder neuer Sinn im Leben ist ein wichtiger Stützpfeiler für dauerhafte Abstinenz (vgl. Klement 1991).**

9.2 Rückfallbewältigung

Es ist keineswegs leicht, eingetretene Rückfälle in den Griff zu kriegen. Deshalb möchten wir an das Motto aus Abschnitt 5. erinnern:

> **Am besten ist es allemal, wenn es erst gar nicht zum Rückfall kommt.**

Trotzdem sind Rückfälle nun aber einmal eine Tatsache. Wie kann man verhindern, daß ein „erstes Glas" zu einem schweren Rückfall auswuchert?

● Zunächst ist zu erwähnen, daß sich die unter 9.1 genannten „Rückfallvorbeugungsgruppen" günstig auf die Rückfallbewältigung nach der Entlassung auswirken. Wird nämlich bereits während der stationären Therapie gezielt darangegangen, mit jedem Patienten seine persönlichen Rückfallrisiken aufzuspüren und zu bearbeiten (z.B. mittels Rollenspielen), so führt dies offenbar dazu, daß ihre zukünftigen Rückfälle kürzer und leichter, d. h. weniger folgenreich, verlaufen. Die Folgerung lautet deshalb:

> **Spürt man bereits während einer stationärer Therapie die zukünftigen Rückfallgefährdungen gezielt und individuell mit den Patienten auf und bearbeitet man diese Gefährdungen, so sind diese Patienten zukünftig besser in der Lage, ihre Rückfälle in den Griff zu kriegen.**

● Auch bei bereits eingetretener Rückfälligkeit gibt es wirksame Maßnahmen, um diese Rückfälle einzudämmen (geringerer und/oder seltenerer Alkoholkonsum) oder zum Stillstand zu bringen.

Erwähnenswert ist hier erneut die Wirksamkeit von Selbsthilfegruppen. Gemäß der Studie des Max-Planck-Instituts (Küfner et al. 1988) erreichten von den Rückfälligen, die nach einem Rückfall regelmäßig an Selbsthilfegruppensitzungen teilnahmen, langfristig (im achten Halbjahr nach der Therapie) 56 Prozent Abstinenz. Die spätere Abstinenzquote der zunächst Rückfälligen lag bei keiner (oder unregelmäßiger) Selbsthilfegruppenteilnahme dagegen nur bei 30 Prozent!

Allerdings war nur knapp ein Drittel (28 Prozent) aller Rückfälligen, aber 41 Prozent der Abstinenten zu regelmäßiger Selbsthilfegruppenteilnahme bereit.

> **Selbsthilfegruppen werden also nach Rückfälligkeit eher gemieden, obgleich sie gerade für das Wiedererlangen der Abstinenz äußerst hilfreich sind.**

Bedeutet dies, daß auch in Selbsthilfegruppen Rückfälle als Katastrophen angesehen werden, so daß es Rückfälligen schwerfällt, die Gruppe nach einem Rückfall (erneut) aufzusuchen? (Vgl. Hirsmüller 1991).

● Durch die Teilnahme an ambulanten Beratungsgesprächen *gemeinsam* mit der Partnerin oder dem Partner scheinen eingetretene Rückfälle weniger massiv zu verlaufen.

● Schließlich erweist sich eine intensive, umfassende sozialarbeiterische Nachbetreuung am Wohnort als äußerst wirksam (Hilfen bei Wohnungs-, Arbeits- und Schuldenproblemen, Anregungen zur Freizeitgestaltung, stützende Gespräche usw.).

● Unabhängig davon, welche Maßnahmen nach einer Therapie zur Rückfallbewältigung im einzelnen ergriffen werden, gilt:

> **Bereits eingetretene Rückfälle können insbesondere in deren Anfangsphase wirksam aufgefangen werden. Dafür ist es günstig, wenn die oder der Rückfällige nicht der Auffassung ist, daß es nach dem „ersten Schluck" gesetzmäßig bergab geht.**

● Angehörige können eine Beendigung von Rückfällen begünstigen, indem sie Rückfälle nicht „decken" (vgl. Rennert 1991).

10. Zusammenfassung der wichtigsten Überlegungen in 17 „Botschaften"

1. Es gibt nicht „den Rückfall". Zwischen einem schweren Rückfall, einem Ausrutscher, einem trockenen Rückfall, einem systemischen Rückfall und kontrolliertem Trinken gibt es erhebliche Unterschiede. Das heißt unter anderem: Rückfallzeitpunkte und Rückfallverläufe sind sehr variabel.

2. Rückfälle sind selbst nach intensiver stationärer Behandlung auf lange Sicht die Regel und *nicht* die Ausnahme.

3. Ein „geschlechtsspezifischer Blick" auf Rückfälle ist notwendig: Frauen werden schneller rückfällig als Männer, Frauen suchen seltener Selbsthilfegruppen auf, und die derzeitigen Gruppen führen bei ihnen seltener als bei Männern zur Rückfallverhinderung.

4. Rückfälle sind Bestandteil menschlicher Entwicklung und *nicht* die

Abweichung vom normalen Gesundungsprozeß. Manchmal gilt: Ohne Rückfall keine stabile Veränderung!

5. Die Aussage „Das erste Glas endet notwendigerweise im Kontrollverlust" erweist sich häufig als ein Mythos und eine sich selbst erfüllende Prophezeiung. Rückfälle haben keine naturgesetzliche Eigendynamik.

6. Anhaltende Rückfälle haben oft schwerwiegende Auswirkungen.

7. Rückfälle entstehen aus einem Bedingungsgefüge sich wechselseitig beeinflussender Faktoren.

8. Rückfallursachen können nicht auf Haltlosigkeit oder einen „Willen zum Trinken" reduziert werden. Auch das „Verlangen nach Alkohol" oder Uneinsichtigkeit sind keine primären Rückfallursachen.

9. Rückfälle stellen eine sinnhafte (Pseudo-)Lösung dar, zum Beispiel bei unüberwindlich erscheinenden (Selbstwert- und Beziehungs-)Krisen. Rückfälle können in diesem Sinne als Widerstand gegen Veränderung verstanden werden.

10. Rückfälle sind Entwicklungschancen: Sie bringen die Realität zurück und verweisen auf notwendige tiefergehende Veränderungen bzw. auf die Akzeptanz der eigenen Begrenztheiten.

11. Die derzeitige Behandlungspraxis begünstigt schwere Rückfälle u. a. dadurch, daß sie das Rückfallthema nicht gebührend berücksichtigt, auf Rückfälle nicht vorbereitet, und zum Teil werden Mythen über Rückfälligkeit weitergegeben.

12. Das Thema des Rückfalls sollte *präventiv* in die Behandlung einbezogen werden. Dabei sollte auch der in vielen Abhängigen schlummernde Wunsch nach „normalem" bzw. „kontrolliertem" Trinken angstfrei und sanktionsfrei zur Sprache kommen.

13. Kompetenzen für den Umgang mit Rückfallgefahren und Rückfälligkeit sollten vermittelt werden.

14. Ambulante Nachsorge (Selbsthilfegruppen, Beratung, Psychotherapie) beugt Rückfällen wirksam vor und kann beginnende Rückfälle wirksam auffangen.

15. Rückfällige meiden Selbsthilfegruppen viel häufiger als Abstinente, obwohl die Gruppen gerade bei ihnen äußerst hilfreich sind.

Selbsthilfegruppen sollten ihre Angebote nicht zuletzt für Rückfällige „schmackhafter" machen.

16. Helfer sollten sich mit dem Rückfallthema vermehrt auseinandersetzen, um eigenem Belastungsstreß und Verschleiß vorzubeugen.

17. Der Weg aus der Sucht braucht seine Zeit. Mehr Geduld, Gelassenheit und Toleranz für den Lebensweg anderer Menschen sind angebracht. „Bei sich selbst (den eigenen Süchten, unveränderten „schlechten" Angewohnheiten) anfangen – aber nicht bei sich selbst aufhören ..." (Martin Buber).

> „Versuche nicht, Stufen zu überspringen. Wer einen weiten Weg hat, rennt nicht." (Modersohn)

11. Literaturverzeichnis

Aßfalg, R., und Rothenbacher, H. (1987). Die Diagnose der Suchterkrankung. Hamburg: Neuland.

Hambrecht, M. (1988). Der Rückfall in der Psychotherapie. Psychotherapie und Medizinische Psychologie, 38, 425-429.

Hirsmüller, M. (1991). Der Rückfall als Thema in Selbsthilfegruppen. In J. Körkel (Hrsg.), Rückfall muß keine Katastrophe sein. Ein Leitfaden für Abhängige und Angehörige. Wuppertal und Bern: Blaukreuz.

Jellinek, E.M. (1960). The disease concept of alcoholism. New Haven & Hillhouse, New Brunswick, NJ: College & University Press.

Kerner, H.-J. (1986). Mehrfachtäter, „Intensivtäter" und Rückfälligkeit. Eine Analyse der Strukturen neuerer kriminalistisch-kriminologischer Erhebungen. In H. Göppinger und R. Vossen (Hrsg.), Rückfallkriminalität, Führerscheinentzug. Kriminologische Gegenwartsfragen. (Band 17) (pp. 103-135). Stuttgart: Enke.

Klement, H. (1991). Langfristige zufriedene Nüchternheit – ein erstrebenswertes Ziel für Alkoholabhängige. In J. Körkel (Hrsg.), Rückfall muß keine Katastrophe sein. Ein Leitfaden für Abhängige und Angehörige. Wuppertal und Bern: Blaukreuz.

Körkel, J. (1991). Der Rückfall von Alkoholabhängigen. Überblick über den Forschungsstand und Ableitungen für die Praxis der Suchtbehandlung. In D. Frey (Hrsg.), Bericht über den 37. Kongreß der Deutschen Gesellschaft für Psychologie in Kiel 1990. Band 2. Göttingen: Hogrefe.

Körkel, J., und Lauer, G. (1988). Der Rückfall des Alkoholabhängigen: Einführung in die Thematik und Überblick über den Forschungsstand. In J. Körkel (Hrsg.), Der Rückfall des Suchtkranken – Flucht in die Sucht? (pp. 3-122). Berlin: Springer.

Küfner, H., und Feuerlein, W. (1989). In-patient treatment for alcoholism. A multi-centre evaluation study. Berlin: Springer.

Küfner, H., Feuerlein, W., und Flohrschütz, T. (1986). Die stationäre Behandlung von Alkoholabhängigen: Merkmale von Patienten und Behandlungseinrichtungen, katamnestische Ergebnisse. Suchtgefahren, 32, 1-86.

Küfner, H., Feuerlein, W., und Huber, M. (1988). Die stationäre Behandlung von Alkoholabhängigen: Ergebnisse der 4-Jahreskatamnesen, mögliche Konsequenzen für Indikationsstellung und Behandlung. Suchtgefahren, 34, 157-272.

Marlatt, G.A. (1985). Relapse prevention: Theoretical rationale and overview of the model. In G. A. Marlatt und J.R. Gordon (eds), Relapse prevention: Maintenance strategies in the treatment of addictive behaviors (pp. 3-70). New York: Guilford.

Rennert, M. (1991). Rückfall – Alptraum für die Angehörigen. In J. Körkel (Hrsg.), Rückfall muß keine Katastrophe sein. Ein Leitfaden für Abhängige und Angehörige. Wuppertal und Bern: Blaukreuz.

Schmidt, G. (1988). Rückfälle von als suchtkrank diagnostizierten Patienten aus systemischer Sicht. In J. Körkel (Hrsg.). Der Rückfall des Suchtkranken – Flucht in die Sucht? (pp. 173-213). Berlin: Springer.

Wohlfarth, R. (1988). Sucht und Rückfall als Ausdruck narzißtischer Störungen. In J. Körkel (Hrsg.). Der Rückfall des Suchtkranken – Flucht in die Sucht? (pp. 149-172). Berlin: Springer.

II. Rückfall – eine Belastung für Helfer

Uli Gehring und Sabine Herder

Inhaltsübersicht

1. Wie werden Helfer durch Rückfälle belastet?

1.1 Einleitung: Die „Undankbarkeit des Helfens"

„Undank ist der Welt Lohn." (Sprichwort)

„Alles – nur nicht Suchtarbeit." (vox populi therapeutici)

Die Arbeit mit Menschen ist etwas Einzigartiges und Eigenartiges. Diese Arbeit fordert persönliches Engagement von demjenigen, dem geholfen wird, und demjenigen, der ehrenamtlich oder von Berufs wegen hilft. Der Helfer [1] läuft dabei Gefahr, sich „benutzt" oder „ausgesaugt" zu fühlen. Dies ist besonders dann der Fall, wenn nach einer Zeit mühsam erzielter Fortschritte, wie etwa einer längeren Zeit der Abstinenz, das Abstinenzziel von demjenigen, dem geholfen wird, aufgegeben, scheinbar „verraten" wird: *Rückfall!*

Kennen Sie das?

Herr L. ist in seiner Firma mit einer Alkoholfahne aufgefallen und verwarnt worden. Aus Angst davor, seinen Arbeitsplatz zu verlieren, hat er sich auf Anraten der betrieblichen Suchtkrankenhelferin zur stationären Entwöhnungsbehandlung in einer Fachklinik entschlossen. Er selbst ist der Meinung, kein Alkoholproblem zu haben. Den therapeutischen Angeboten steht er sehr skeptisch gegenüber; vor allem sieht er für sich keinen Sinn darin, in der Gruppe über Probleme zu reden.

Der für Herrn L. zuständige Therapeut, Herr H., arbeitet seit sieben Monaten in der Entwöhnungseinrichtung. Er ist Sozialarbeiter und stolz darauf, als Therapeut tätig zu sein. Aufgrund seiner Überzeugung, daß Herr L. abhängig ist, bemüht er sich, Herrn L. zu motivieren, Vertrauen aufzubauen und Krankheitseinsicht zu entwickeln.

Beim Angehörigenseminar (Herr H. hatte ihn mit sanftem Druck zur Teilnahme überredet) schildert die Ehefrau mit großer emotionaler Betroffenheit ihre Erlebnisse mit dem alkoholisierten Ehemann und macht deutlich, daß sie eine Scheidung in Erwägung zieht. Der Widerstand von Herrn L. bricht zusammen. Er gibt zu, selbst schon zu wissen, daß er Alkoholprobleme habe, und er beteuert, alles tun zu wollen, um sein Problem in den Griff zu bekommen.

---

[1] Um zu große sprachliche Kompliziertheit zu vermeiden, verwenden wir meist nur die männliche Sprachform (die Helfer, der Abhängige usw.). Selbstverständlich sind auch Helferinnen, weibliche Abhängige usw. gemeint.

Der Therapeut H. ist erleichtert über diese Einsicht und insgeheim stolz auf sich und seine Bemühungen. In der nun folgenden Krise unterstützt er Herrn L. durch zusätzliche Einzelgespräche. In einer Phase, in der er Herrn L. für abbruchgefährdet hält, führt er diese auch schon mal nach Dienstschluß. Sein großer Einsatz wird belohnt: Herr L. stabilisiert sich zunehmend. Er arbeitet zudem aktiv in der Gruppe mit, kümmert sich um neue Patienten, konfrontiert Uneinsichtige aus seiner eigenen Erfahrung. Als Herr L. eine Sondergenehmigung für eine vorgezogene Beurlaubung beantragt, setzt Herr H. dies gegen die Bedenken anderer im Team durch.

Während dieser Beurlaubung wird Herr L. rückfällig.

Herr H. ist fassungslos: das hatte er nicht erwartet. Gleichzeitig ärgert er sich insgeheim über die Undankbarkeit von Herrn L. Dafür hatte H. sich so eingesetzt! Alle Anstrengungen vergebens! Nach und nach schleichen sich Zweifel ein: Hatte er etwas falsch gemacht? Etwas übersehen? Eine falsche Entscheidung getroffen? Was mögen die Kollegen jetzt denken? War er überhaupt für die Arbeit im Suchtbereich geeignet? In der nächsten Zeit empfand er Widerwillen gegenüber der Arbeit und er fühlte sich seiner Aufgabe nicht mehr gewachsen.

Therapeut H. hat sich für Herrn L. sehr engagiert. Seine enormen Bemühungen, für die er sogar seine Freizeit opfert, werden aber von Herrn L. nicht honoriert. Herr H. erlebt den Rückfall von Herrn L. als persönliche „Niederlage". Die schmerzliche Erfahrung, daß Suchtarbeit keine Sache raschen und andauernden Erfolgs ist, führt bei ihm zu einer tiefen Verunsicherung über seine Arbeit mit Abhängigen.

Gerade die Arbeit im Suchtbereich gilt gemeinhin als besonders belastend. Häufig wird von professionellen Helfern (z. B. Ärzten oder von Psychologen) aufgrund der „extremen Undankbarkeit" eine Tätigkeit in diesem Bereich ausdrücklich abgelehnt nach dem Motto: „Alles – nur nicht Suchtarbeit!"

Betrachtet man die geringe Anzahl *dauerhaft* Abstinenter nach einer stationären Therapie, so scheint dieses (Vor-) Urteil erst einmal begründet und nachvollziehbar. Die niedrigen Abstinenzquoten scheinen vorzuprogrammieren, daß sich Engagement hier nicht auszahlt.

Wie in kaum einem anderen sozialen Arbeitsfeld gibt es somit in der Suchtbehandlung ein Ereignis, das häufig als Indikator für den Erfolg oder Mißerfolg des Helfens gilt: den Rückfall.

Unsere bisherigen Überlegungen lassen sich folgendermaßen zusammenfassen:

> **Helfen - ob als Beruf oder als Berufung - ist meist eine anstrengende, streßreiche und schlecht entlohnte Tätigkeit.** Suchtkrankenhilfe gilt vor allem aufgrund der Tatsache, daß Rückfälle alltäglicher Bestandteil der Arbeit sind, als besonders undankbar.

Bei der Analyse von Rückfällen steht bislang fast ausschließlich der Süchtige selbst im Mittelpunkt des Interesses. Wir möchten in diesem Kapitel den Blick auf die Helferseite richten und nach Beschreibung der Auswirkungen eines Rückfalls auf Suchthelfer, Suchtberater und Suchttherapeuten (männlichen wie weiblichen Geschlechts) Vorschläge für ein „gesünderes" Umgehen mit Rückfällen machen.

Möglicherweise setzen wir uns bei der Durchführung unseres Vorhabens dem Vorwurf aus, schulmeisterlich zu sein. Unser Anliegen ist es aber, *Vorschläge* zu unterbreiten und vor allem eine offene Aussprache über das Thema anzuregen.

Wir möchten damit alle ansprechen, die in der Suchtarbeit tätig sind. Aus diesem Grunde werden wir die Begriffe „Helfer" und „Behandler" als übergreifende Bezeichnungen für hauptberufliche, nebenberufliche und ehrenamtliche „Suchtarbeiter" verwenden.

Als erstes möchten wir Sie einladen, einen „Psychotest" mitzumachen, den von uns entwickelten „Rückfall-Burnout-Gefährdungstest". [2] Er gibt Ihnen die Möglichkeit, zu überprüfen, ob Sie Belastungen durch Rückfälle ausgesetzt sind. Vor allem soll er aber einen unterhaltsamen Einstieg in das Thema darstellen.

Der Test wurde auf der Basis von Untersuchungen an professionellen Suchtberatern und Suchttherapeuten erarbeitet. Sie können ihn aber auch mitmachen, wenn Sie als ehrenamtlicher Helfer in der Suchtarbeit

---

[2] Mit dem Begriff „Burnout" (sprich: börnaut), was soviel wie „ausgebrannt sein" bedeutet, werden negative Auswirkungen beruflicher oder ehrenamtlicher Tätigkeit gekennzeichnet, z. B. ein auf den ersten Blick unerklärlicher Motivationsverlust bei der Arbeit, Resignation und depressive Verstimmungen. Burisch (1989, S.12) listet eine Übersicht über Burnout-Merkmale auf, die von dem Gefühl, nie Zeit zu haben, über chronische Ermüdung in der Anfangsphase bis zu psychosomatischen Reaktionen und Verzweiflungsgefühlen und sogar Selbstmordabsichten in der Endphase reicht. Weitere Symptome betreffen ein reduziertes Engagement, das sich nicht nur auf die Arbeit bezieht, emotionale Reaktionen (wie Depression und Aggression), den Abbau geistiger Fähigkeiten (wie Konzentrations- und Gedächtnisschwäche) und eine Verflachung des emotionalen (Gleichgültigkeit), sozialen (Einsamkeit) und geistigen (Desinteresse) Lebens. Natürlich müssen nicht *alle* diese Symptome vorliegen, wenn jemand unter Burnout leidet.

tätig sind. Formulieren Sie dann bitte, wenn möglich, Fragen für sich um bzw. lassen Sie unzutreffende Fragen ganz weg. Die Testauflösung finden Sie am Ende des Kapitels.

1.2 „Rückfall-Burnout-Gefährdungstest"

Beantworten Sie bitte die folgenden Fragen mit „ja", „nein" oder „weiß nicht".

		ja	nein	weiß nicht
1.	Ist für Sie als Helfer das oberste und einzige Therapieziel die Alkoholabstinenz des Klienten [3)	☐	☐	☐
2.	Arbeiten Sie in der ambulanten Suchtkrankenhilfe?	☐	☐	☐
3.	Bedeutet der Rückfall für Sie das Versagen eigener Fähigkeiten bzw. Kompetenzen?	☐	☐	☐
4.	Wird in der Einrichtung bzw. dem Team, in der/dem Sie arbeiten, Buch darüber geführt, wieviele Klientenrückfälle bei jedem einzelnen Helfer zu verzeichnen sind?	☐	☐	☐
5.	Fühlen Sie sich in Ihrer Suchtarbeit manchmal toll und grandios und arbeiten deshalb am liebsten alleine (um andere durch Ihr Strahlen nicht zu blenden)?	☐	☐	☐
6.	Gibt es in Ihrem Team eine Supervisionsmöglichkeit, d.h. besteht eine Möglichkeit, mit einem außenstehenden „Experten" über Probleme der Arbeit in der Suchthilfe zu sprechen?	☐	☐	☐
7.	Sehen Sie einen Klientenrückfall als etwas ausschließlich Schlechtes an und empfinden Sie das Gerede von „Krise als Chance" und „Entwicklung" als lächerlich und verniedlichend?	☐	☐	☐
8.	Arbeiten Sie im Co-Therapeutensystem, d. h. leiten Sie Gruppen zu zweit und nicht alleine?	☐	☐	☐

[3) Statt von dem bzw. der Abhängigen wird hier und im folgenden auch von dem „Klienten" gesprochen.

68

9. Wenn Kollegen auf die begrenzten Möglichkeiten in der Suchthilfe hinweisen, werden damit eigene Schwächen verschleiert?

	ja	nein	weiß nicht
	☐	☐	☐

10. Läßt Ihnen Ihre Arbeitssituation Freiräume zur persönlichen Regeneration?

☐ ☐ ☐

11. Setzen Sie Ihre ganze Kraft zum Helfen ein und geben einem besonders bedürftigen Klienten noch ein wenig mehr?

☐ ☐ ☐

12. Sind Sie und Ihre Kollegen in Ihrer Einrichtung/ Verein an wichtigen Entscheidungen beteiligt (z. B. bei der Einstellung eines neuen Kollegen, neuen Arbeitskonzepten u. ä.)?

☐ ☐ ☐

13. Verzichten Sie angesichts der so dringlichen Arbeit mit den Abhängigen und der geringen Anzahl von Helfern auf theoretische Weiterbildung (z. B. zum Thema Rückfall)?

☐ ☐ ☐

14. Ist die Einrichtung, in der Sie arbeiten, frei von wirtschaftlichen Zwängen (z. B. Belegungsdruck)?

☐ ☐ ☐

15. Haben Sie wegen der intensiven Arbeit mit den Suchtmittelabhängigen keine Zeit für Supervision und Gespräche unter Kollegen?

☐ ☐ ☐

16. Können Sie in Ihrer Einrichtung/Ihrem Team die Beendigung der Arbeit mit einem Suchtklienten mitentscheiden?

☐ ☐ ☐

17. Suchen Sie die Ursachen für einen Klientenrückfall auch bei sich selbst?

☐ ☐ ☐

18. Ist Weiterbildung für Sie ein selbstverständlicher Bestandteil Ihrer therapeutischen/beraterischen Arbeit?

☐ ☐ ☐

19. Wollen Sie Kollegen mit einem frustrierenden Erlebnis während Ihrer Arbeit nicht belasten, weil die genug eigenen Ärger haben?

☐ ☐ ☐

20. Wird in Ihrer Einrichtung ein rückfälliger Klient sofort und auf alle Fälle entlassen?

☐ ☐ ☐

21. Finden Sie es unangebracht, Kollegen (die ja z.T. unerfahrener, schlechter ausgebildet usw. sind) um fachlichen Rat zu bitten („Was sollen die von Ihnen denken!")?

weiß
ja nein nicht

☐ ☐ ☐

22. Herrscht in der Einrichtung, in der Sie arbeiten, eine genügend große Offenheit hinsichtlich dessen, was von Ihnen erwartet wird?

☐ ☐ ☐

23. Überlegen Sie, ob Sie mit einer konkreten Fehlentscheidung (z.b. der Erlaubnis zum Wochenendausflug) den Rückfall herbeigeführt haben?

☐ ☐ ☐

24. Stimmt es, daß Sie keinen institutionellen Druck auf Ihr „Helfergewissen" kennen (z. B. möglichst viele Abhängige zu betreuen)?

☐ ☐ ☐

25. Fragen Sie sich nach einem Rückfall, ob Sie insgesamt zu wenig Kontrolle ausgeübt haben?

☐ ☐ ☐

26. Kommt es vor, daß in Ihrer Arbeit von Vorgesetzten oder von Kollegen ein Rückfall als Druckmittel eingesetzt wird, sodaß Sie z. B. eigene Wünsche (Urlaub, weniger Arbeit) nicht äußern?

☐ ☐ ☐

27. Glauben Sie aufgrund eines Rückfalls, nicht gut genug gearbeitet zu haben?

☐ ☐ ☐

28. Arbeiten Sie in Ihrer Einrichtung mit einem rückfällig gewordenen Klienten nach einem einheitlichen Rückfallkonzept?

☐ ☐ ☐

29. Sind Sie erst seit kurzem in der Suchtarbeit tätig (weniger als zwei Jahre)?

☐ ☐ ☐

30. Sind Sie hinsichtlich der Atmosphäre und des Klimas unter den Kollegen mit Ihrer Arbeitsstelle rundum zufrieden?

☐ ☐ ☐

31. Tragen Rückfälle dazu bei, daß Sie daran zweifeln, jemals ein guter Helfer zu sein?

☐ ☐ ☐

32. Sind Sie mit Ihrem Chef und seinem Führungsstil zufrieden?

☐ ☐ ☐

Wie oben erwähnt, finden Sie die Testauflösung am Ende des Kapitels in Abschnitt 4. – Möglicherweise waren Sie bei einigen Fragen etwas verwundert. Wie wir auf die Fragen gekommen sind, erfahren Sie im folgenden. Wir hoffen, Sie hatten Spaß bei der „Test"-Bearbeitung und sind neugierig geworden auf das, was kommt.

1.3 Bedeutung, Auswirkungen und Bewältigung eines Rückfalls

Bevor Sie mit dem Lesen dieses Kapitels tiefer in die Problematik einsteigen, sollten Sie sich einen Moment Zeit nehmen und für sich die folgende Frage beantworten: "Ist Rückfall für mich als Mitarbeiter in der Suchtkrankenhilfe ein wichtiges Thema?"

Sabine Herder und Astrid Sakofski (1988) haben in Gesprächsrunden mit Suchtberatern und Suchttherapeuten über diese Frage gesprochen. Dabei zeigte sich, daß die Frage nach der Befindlichkeit von Therapeuten nach einem Klientenrückfall *Tabucharakter* hatte. Die meisten Therapeuten gaben an, daß während ihrer Arbeit offene Gespräche über Rückfälle kaum stattfinden und noch viel weniger über die dadurch ausgelösten Gefühle und Gedanken.

Wir können aus diesen Befragungen festhalten:

> **Rückfälle stellen für Helfer ein „heißes Eisen" dar, das sie belastet und über das sie sich nicht angemessen austauschen.**

1.3.1 Welche Gefühle sind es aber nun im einzelnen, von denen Berater/Therapeuten nach einem Rückfall berichten? Auch hier unsere Bitte an Sie, diese Frage zunächst für sich selbst zu beantworten. Dazu eine kleine Anregung:

Erinnerungsreise: „Mein" letzter Rückfall. – Rufen Sie sich den letzten Rückfall, der bei einem Ihrer Klienten auftrat, ins Gedächtnis zurück. Führen Sie sich das Geschehen so konkret wie möglich vor Augen.

Wie lange liegt dieser Rückfall zurück? Wie sah der Klient aus, was war er für ein Mensch? Welches Verhältnis hatten Sie zu diesem Klienten? Wie war die Vorgeschichte des Rückfalls? Haben Sie den Rückfall erwartet, oder hat er Sie gänzlich überrascht? Welche Begleitumstände hatte der Rückfall? Wie haben Sie von dem Rückfall erfahren? Fühlen Sie sich in die Situation ein, in der Sie davon erfuhren. Was war Ihr erstes Gefühl? Hat es Sie eher kalt gelassen oder waren Sie berührt?

Wie ging es Ihnen im weiteren Verlauf? Hatten Sie Stunden später

noch die gleichen Gefühle, oder haben sich Ihre Gefühle verändert? Wie war es zu Hause und am nächsten Tag: hat der Rückfall Sie begleitet, oder war er ganz einfach nicht so wichtig?
Wie sind Sie umgegangen mit dem Rückfall, mit Ihren Gefühlen, mit sich? Haben Sie mit Kollegen, Freunden, Verwandten darüber gesprochen? Haben Sie versucht, die Gründe für den Rückfall herauszubekommen, oder haben Sie versucht, sich so gut es geht von dem ganzen Geschehen zu distanzieren, z. B. mit ironischen Bemerkungen über den Rückfälligen? Haben Sie versucht, möglichst nicht daran zu denken? ...

Notieren Sie bitte auf einem gesonderten Blatt in einigen Stichworten Ihre Erinnerungen, um sie mit den folgenden Ausführungen vergleichen zu können.

Ruth Back und Uli Gehring (1989) haben 160 Suchtberatern und Suchttherapeuten (beiderlei Geschlechts) sehr ähnliche Fragen gestellt. Was dabei zutage kam, zeigt Abbildung 1:

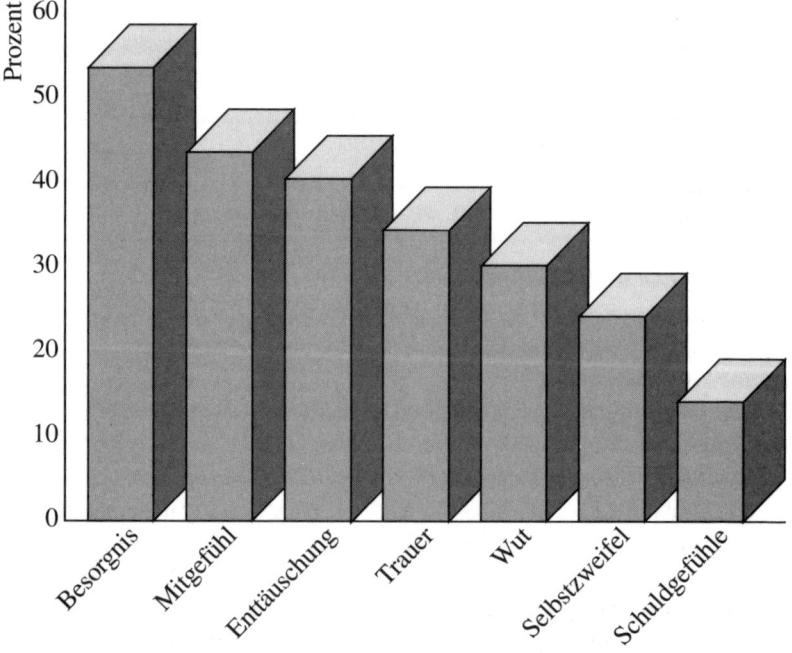

Abbildung 1: Prozentanteil der Suchtberater/-innen, die nach einem Klientenrückfall ein starkes Ausmaß der angegebenen Gefühle bei sich feststellten.

Aus Abbildung 1 ist zu ersehen, daß Helfer am stärksten *anteilneh-mende* Gefühle für den rückfälligen Klienten, wie Besorgnis, Mitgefühl und Trauer, empfinden.

Andere Gefühlsreaktionen zeigen, daß die Berater / Therapeuten sich am Rückfallgeschehen auch *persönlich beteiligt* fühlen: Vor allem Gefühle wie Selbstzweifel und Schuldgefühle, aber auch Wut und Enttäuschung zeigen, daß der Rückfall eines Abhängigen Helfer persönlich „angreifen" kann. Also:

Der Rückfall eines Alkohol- oder Drogenabhängigen ruft diesen Ergebnissen zufolge eine ganze Palette belastender Gefühlsreaktionen bei Helfern hervor.

1.3.2 Was tun Berater/Therapeuten nach einem Rückfall? Back und Gehring (1989) haben den professionellen Suchtberatern/-therapeuten auch die Frage gestellt, was sie nach dem letzten Rückfall eines von ihnen betreuten Suchtklienten getan haben. Es zeigte sich:

Am häufigsten werden Maßnahmen ergriffen, mit denen *das Rückfallgeschehen „offensiv" verarbeitet* wird: Durch das eigene Suchen nach Ursachen für den Rückfall (z. B.:„Was ist im Leben des Klienten vor dem Rückfall Besonderes geschehen?"), durch Gespräche über den Rückfall (z. B. mit Kollegen) und durch das bewußte Umgehen mit den eigenen Gefühlen „gehen" die Behandler den Rückfall „an".

In nicht viel geringerem Ausmaß sind *resignierend-distanzierende Maßnahmen* verbreitet: durch das Betonen, daß „der Klient seine eigene Entscheidung getroffen hat", wird z. B. versucht, eine Distanzierung zum Rückfallgeschehen zu erreichen. Resignation drückt sich u. a. darin aus, daß nach einem Rückfall die Erkenntnis, daß „Suchtarbeit nun mal sehr frustrierend ist", bemüht wird.

Eher selten wird der Rückfall dadurch verarbeitet, daß ihm *Positives abgewonnen* wird, z. B. dadurch, daß in der jetzt aufgetretenen „Krise des Klienten auch eine Chance" gesehen wird.

1.3.3 Welche Unterschiede gibt es im Erleben eines Rückfalls? In der genannten Untersuchung von Back und Gehring (1989) wurde schließlich noch folgendes deutlich:

● Hält ein Therapeut sich selbst für *mitverantwortlich* für das Eintreten des Rückfalls, so ist er viel stärkerer emotionaler Belastung ausgesetzt, als wenn er die Gründe für den Rückfall nur beim Klienten und in dessen sozialer Situation sieht.

● Kommt ein Rückfall *unerwartet,* bewirkt er eine größere emotionale Belastung bei Helfern: sie verspüren größere Enttäuschung und stärkere Trauer.

● Ein Klientenrückfall in ambulanter Therapie hat weniger massive Folgen für Behandler als einer im *stationären Bereich.*

● *Berufsunerfahrene Helfer* werden stärker emotional ins Rückfallgeschehen gezogen als erfahrene. Berufserfahrene sind dagegen eher in der Lage, die positiven Seiten eines Rückfalls zu sehen, z. B. „die darin enthaltenen Chancen für den Klienten".

● Ähnlich positive Auswirkungen hat in stationärer Therapie die Weiterarbeit mit einem rückfälligen Klienten nach einem *einheitlichen Rückfallkonzept:* die Person des Therapeuten ist weniger emotional vom Rückfallgeschehen betroffen und die „Krise Rückfall" kann eher als „Chance" gesehen werden.

● Je stärker Helfer emotional mit Schuld, Selbstzweifel oder Wut auf den Rückfall reagieren, desto weniger ist eine positive Sicht des Rückfalls möglich.

1.3.4 Fassen wir zusammen:

1. Der Rückfall eines Abhängigen ist bei Mitarbeitern der Suchtkrankenhilfe häufig ein Tabu.
2. Ein Rückfall ist auch für Helfer eine Belastung.
3. Die Rückfallauswirkungen verlangen eine „Bearbeitung".
4. Wer sich selbst mitschuldig am Entstehen des Rückfalls fühlt, ist besonderer Belastung ausgesetzt.
5. Das unerwartete Eintreten eines Rückfalls wirkt belastend.
6. Stationäre Rückfälle sind belastender als ambulante.
7. Mit zunehmender Berufserfahrung schützen sich professionelle Helfer gegen belastende Auswirkungen. Sie sehen zunehmend auch die positiven Seiten bzw. den Sinn eines Rückfalls.
8. Ein einheitliches Rückfallaufarbeitungskonzept „schützt" gegen persönliche Belastung und ermöglicht den Helfern eine positivere Sicht des Rückfalls.
9. Je stärker Behandler persönlich vom Rückfall betroffen sind, desto weniger ist eine positive Sicht des Rückfalls möglich.

2. Was können Sie tun?

Im vorangegangenen Kapitel haben wir uns mit den Auswirkungen von Rückfällen auf Helfer beschäftigt. Jetzt wenden wir uns der Frage zu, was Sie als Helfer tun können, um die möglichen belastenden Auswirkungen zu bewältigen bzw. von vornherein zu verhüten. Dazu wollen wir Ihnen eine Reihe von Anregungen anbieten.

Wir gehen davon aus, daß jeder Rückfall eine Vorgeschichte hat, und daß seine Auswirkungen auf den Helfer ebenfalls bereits im Vorfeld wurzeln. Daher beschränken wir uns ganz bewußt nicht auf Krisenbewältigung, sondern beziehen das Vor- und Umfeld des Rückfalls bzw. der Suchtkrankenhilfe in unsere Vorschläge ein.

2.1 Lassen Sie den Rückfall und Ihre Betroffenheit nicht zum Tabu-Thema werden

Weil doch sein kann, was nicht sein darf!

Die Tabuisierung des Rückfalls hilft weder Ihnen noch den Süchtigen. Im Gegenteil: sie hat für beide belastende Auswirkungen. Wie können Sie einer Tabuisierung entgegenwirken?

2.1.1 Sprechen Sie in Ihrer Arbeit mit den Abhängigen über Rückfälle.

Trockene Alkoholiker neigen dazu, einer Auseinandersetzung mit dem Thema Rückfall auszuweichen („Das ist doch jetzt kein Thema mehr für mich!" – „Ich weiß doch, daß ich nie wieder einen Tropfen Alkohol trinken darf!")

Ein Helfer, der bei diesem Vermeiden mitspielt, läuft Gefahr, sich co-alkoholisch zu verhalten. Zudem bringt er unter Umständen die eigene Person in eine streßvollere und ungesündere Situation. Denn denken Sie daran:

> **Tritt ein Rückfall unerwartet und „unvorbereitet" auf, wirkt er sich besonders belastend auf Sie als Helfer aus.**

Sie dienen somit Ihrem eigenen Wohlbefinden, wenn Sie einen Rückfall für möglich halten und diese Möglichkeit auch thematisieren. Wie kann das konkret aussehen? Dazu folgende Vorschläge:

a) Regen Sie die Abhängigen in der Gruppe oder auch in der Einzelberatung dazu an, ihre bisherigen Rückfallerfahrungen zu schildern.

Neben dem Gespräch bieten sich dazu noch verschiedene andere Darstellungsweisen an, wie z. B.

● vergangene Rückfallerfahrungen aufschreiben,
● Rückfallerfahrungen gestalterisch darstellen (z.b. durch Malen),
● Darstellen der Rückfallszene im Rollenspiel,
● Schilderung des Rückfalls aus der Sicht eines Familienangehörigen, in dessen Rolle der Abhängige zu diesem Zweck schlüpft.

b) Ermuntern Sie die Abhängigen dazu, Rückfallphantasien und Rückfallträume ebenso wie „geheime" Wünsche nach kontrolliertem Trinken auszusprechen.

c) Lassen Sie die Abhängigen in der Phantasie ausmalen und durchspielen, wie der nächste Rückfall aussehen könnte.

Vielleicht reagieren Sie auf diese Vorschläge ablehnend („Ich will den Abhängigen doch nicht dabei helfen, ihren nächsten Rückfall zu planen!"), oder Sie haben Bedenken, mit diesem Vorgehen „schlafende Hunde" zu wecken. Aber bedenken Sie: Eine Gefahr wird nicht dadurch gebannt, daß man so tut, als sei sie nicht vorhanden. Erst wenn erkannt ist, wo Gefahrenquellen (z.b. Auslösesituationen für Rückfälle) liegen, kann man ihnen entgegenwirken. Sie können z. B. für die herausgefundenen Auslösesituationen gemeinsam mit dem Abhängigen „Alternativideen" zu einem Rückfall erarbeiten („Was würde Ihnen in dieser Situation helfen, um nicht zu trinken?"). Das Sprechen über Rückfälle und das Vorstellen von vergangenen und zukünftigen, möglichen Rückfallsituationen ist so der Ausgangspunkt der Rückfallverhütung.

Somit können wir festhalten:

> **Die Auseinandersetzung mit dem Thema Rückfall dient dem Abhängigen dazu, persönliche Gefahrenquellen zu erkennen, die eigene Gefährdung realistischer einzuschätzen (statt in die bekannte „Trockenheitseuphorie" zu verfallen) sowie Rückfallvermeidungsstrategien zu entwickeln.**

Für Sie als Helfer ergeben sich daraus Ansatzpunkte für Ihre Arbeit: *Sie können zum Beispiel erkennen, daß Herr X., der einen Rückfall nach einer ausgebliebenen Beförderung schilderte, noch nicht gelernt hat, mit Kritik am Arbeitsplatz besser zurechtzukommen. Möglicherweise wird Ihnen im Fall von Herrn X. zusätzlich klar, daß Sie selbst bislang zu überzeugt davon gewesen sind, er habe „es wirklich geschafft".*

Einer großen Enttäuschung durch einen „gänzlich unerwarteten" Rückfall ist somit vorgebeugt.

d) Reden Sie mit dem Abhängigen vorher darüber, was er tun kann, wenn er rückfällig geworden ist.

Verstehen Sie das bitte nicht falsch. Uns geht es nicht darum, Rückfälle zu verharmlosen oder gar „Freibriefe" dafür auszustellen. Aber es erscheint uns wichtig, daß Abhängige schon mit nüchternem Kopf überlegen, wo im Fall des Falles „Rettungsringe" hängen, damit ein erneutes „Naßwerden" nicht automatisch in die totale Katastrophe, zum „Ersaufen" führt.

e) Sprechen Sie auch nach einem Rückfall mit dem Abhängigen.

Auf diese Weise erhalten sowohl der Abhängige als auch Sie die Chance, die Zusammenhänge des Rückfallgeschehens zu verstehen. Eine solche Analyse kann als aktive Bewältigungsstrategie Ihnen dabei helfen, eigene Belastungen durch den Rückfall zu verarbeiten, z.b. dadurch, daß Sie Ihre eigene Verantwortung für den Rückfall realistischer einzuschätzen wissen.

Falls Sie die Beratung über den Rückfall hinaus fortsetzen, liefert diese Analyse zudem wichtige Ansatzpunkte für die Weiterarbeit.

2.1.2 Sprechen Sie auch mit Kollegen über Rückfälle. Erinnern Sie sich?

Befragungen ergaben, daß Behandler selten untereinander über das „heiße Eisen" Rückfall sprechen, obwohl sie eigentlich ein Bedürfnis danach spüren. Ein Hinderungsgrund ist die Angst, damit Fehler oder Schwächen preiszugeben („Rückfall bedeutet, ich habe schlechte Arbeit geleistet").

Wir möchten Sie dazu ermutigen, dieses Tabu zu brechen, um dadurch zu einem entkrampfteren Umgang mit der Rückfallthematik beizutragen. Aber vor allem: Sie werden persönlich davon profitieren.

Im Austausch mit Ihren Kollegen können Sie sich emotionale Unterstützung holen, z. B. durch dieses aus Gruppen wohlbekannte Phänomen: „Ich stehe mit meinem Problem nicht allein da. Anderen geht es ähnlich."

Kompetente Kollegen geben Ihnen darüber hinaus wertvolle Hinweise auf Ihre „blinden Flecken".

Denken Sie an unseren Therapeuten Herrn H.:

Herr H. war „blind" dafür, daß die Fortschritte, die der alkoholabhängige Herr L. machte, für ihn selbst persönlich wichtig waren: sie waren für ihn eine Bestätigung seiner eigenen Fortschritte als „Supertherapeut".

Ein Hinweis aus dem Kollegenkreis vor dem Rückfall hätte dazu bei-tragen können, daß Herrn H.s „blinder Fleck" (Überengagement aus dem Wunsch nach persönlicher Bestätigung) sichtbar geworden wäre. Die Gefahr, mit starker Enttäuschung, Selbstzweifel u. a. zu reagieren, wäre verringert worden. Aber auch im Nachhinein könnten Kollegen Herrn H. darauf auf-merksam machen, daß er sich zu sehr engagiert und persönlich ver-wickelt hatte und darüber hinaus zu sicher war, daß Herr L. „es ge-schafft habe". Daher der Ärger, die Enttäuschung und Selbstzweifel. Herr H. kann dann bei der zukünftigen Arbeit mit Herrn L. und mit an-deren Abhängigen verstärkt auf diese Aspekte und auf seine eigene „An-fälligkeit" achten.

In diesem Sinne sind Rückfälle und Gespräche darüber also auch für Helfer als Chance zum Lernen zu verstehen.

Der Austausch mit Kollegen und Kolleginnen ist in vielerlei Hinsicht für Sie sinnvoll:

● als Beitrag zur Enttabuisierung des Rückfallthemas,
● als sofortige emotionale Unterstützung,
● als konkrete Hilfe für die Weiterarbeit mit dem Rückfälligen,
● als Anregung für Ihre persönliche Weiterentwicklung.

In vielen Einrichtungen, wie z. B. Suchtberatungsstellen oder Fachkli-niken, finden regelmäßig Teambesprechungen und Supervision [4] statt, die Sie auch dafür nutzen können, über Rückfälle zu sprechen. Wenn Sie zu zweit Gruppen leiten, besteht zudem die Gelegenheit, sich direkt und unmittelbar mit diesem Kollegen bzw. dieser Kollegin auszutauschen.

Uns ist jedoch bekannt, daß gerade viele ehrenamtliche Helfer als „Einzelkämpfer" vor Ort arbeiten, z. B. als Ansprechpartner für Alko-holanfällige im Betrieb oder als Begründer der einzigen Selbsthilfe-gruppe im ländlichen Gebiet. Dafür schlagen wir vor:

Suchen Sie sich Gleichgesinnte und gründen Sie eine „kollegiale Gruppe" (die natürlich nicht auf das Rückfall-Thema beschränkt sein muß). Das kann z. B. mit anderen Helfern, die Sie in Arbeitskreisen oder sonstigen Helfergremien treffen, geschehen.

2.1.3 Überdenken Sie Ihr persönliches Rückfallverständnis. In der Alko-holismusforschung wurden in den letzten Jahren sowohl von der kogniti-ven Verhaltenstherapie als auch von der systemischen Familientherapie

---

[4] Supervision = Reflexion der Arbeit mit einem außenstehenden „Experten".

und der Psychoanalyse Konzepte vorgestellt, die zu einer neuen Sicht des Rückfalls beigetragen haben. Gemeinsam ist diesen Konzepten, den Rückfall nicht mehr ausschließlich als Versagen, Willensschwäche oder plötzlichen Triebdurchbruch zu sehen, sondern auch den Sinn und Zweck, den der Rückfall erfüllt, zu betrachten. Der Rückfall gilt sozusagen als Lösungsversuch in einer schwierigen Lebenssituation (vgl. Beitrag Körkel, in diesem Band, Kapitel 1). Dazu ein Beispiel:

Während der Trinkphase von Herrn G. sah es so aus, als sei seine Alkoholabhängigkeit das einzige Problem in seiner Ehe. In der ersten Zeit seiner Abstinenz war daher auch die Freude und Erleichterung groß. Herr und Frau G. erlebten einen zweiten Frühling. Im Laufe des Alltags sammelten sich jedoch wieder Unzufriedenheit, Unbehagen und Ärger an. Herr G. hatte bisher seine Ehekonflikte nicht als solche wahrgenommen, sich folglich nicht damit auseinandergesetzt und keine Lösungsmöglichkeiten erarbeitet. Daher reagierte er, als die Spannungen für ihn unerträglich wurden, mit dem Verhaltensmuster, das er kannte: er entzog sich, indem er in die Kneipe ging und sich mit Alkohol betäubte. Bei der Aufarbeitung dieses Rückfalls mit seiner Suchtberaterin wurde ihm klar, daß er auf diese Weise (wie auch früher des öfteren) den Ärger auf seine Frau „heruntergespült" hatte. Er erkannte, daß es unbedingt erforderlich war, ein anderes Umgehen mit diesen Konflikten zu erlernen. Herr und Frau G. suchten gemeinsam die Eheberatung auf.

In diesem Beispiel wird deutlich, daß dem Rückfall eine bestimmte Funktion als Scheinlösung zukommt. Gleichzeitig liefert er, wenn diese Zusammenhänge aufgedeckt werden, wichtige Hinweise auf den „richtigen Weg". In diesem Sinne ist er als Chance für die Weiterentwicklung zu verstehen. Durch diese Betrachtungsweise verliert der Rückfall einen Teil seiner negativen Bewertung. Er wird nicht mehr automatisch mit dem Scheitern des Abhängigen (... der Therapie, ... des Helfers) gleichgesetzt. Es erscheint plausibel und wurde durch Untersuchungen bestätigt, daß ein Helfer, der einen Rückfall auch auf diese Weise sehen kann, nicht so stark durch ihn belastet wird.

2.2 Werden Sie sich der Grenzen (in) Ihrer Arbeit bewußt

2.2.1 Grenzen des Abhängigen. Gehen Sie nicht ohne zu hinterfragen von einem Abstinenzwunsch Ihres Klienten aus – selbst wenn er diesen äußert.

Vermutlich kennen Sie die Menschen, die in die Selbsthilfegruppe, Beratungsstelle oder Therapieeinrichtung kommen,

- weil der Arbeitgeber eine Abmahnung geschickt hat,
- weil die Ehefrau mit Scheidung droht,
- weil zum Wiedererlangen des Führerscheins ein Behandlungsnachweis erbracht werden muß,
- weil eine gerichtliche Auflage besteht ...

Bei vielen Alkoholabhängigen können Anstöße dieser Art in der Tat zur Krankheitseinsicht beitragen. Bei manchen führt dies lediglich dazu, daß sie „gute Miene zum bösen Spiel" machen und das nach außen zeigen, was von ihnen verlangt wird, nämlich Abstinenzmotivation. In vielen Fällen geht auch der Wunsch nach Abstinenz nicht unbedingt mit einer Veränderungsbereitschaft einher. Der Abhängige erwartet vielmehr, durch ein Patentrezept von der „schlechten Angewohnheit" Trinken geheilt zu werden (Sie wissen ja: durch Sie!), ohne sich in schmerzlicher Weise mit sich selbst auseinandersetzen zu müssen und ohne die Verantwortung dafür zu übernehmen. Hierbei ergibt sich für Sie die Gefahr, daß Sie sich stärker engagieren als der Abhängige selbst. Bleiben Sie daher achtsam und realistisch. Sehen Sie den Abhängigen so, wie er ist: mit seinen Grenzen und Möglichkeiten.

2.2.2 Grenzen durch den äußeren Rahmen. Durch institutionelle Gegebenheiten und sonstige äußere Bedingungen sind Grenzen gesetzt – für den Abhängigen und dessen Entwicklungschancen, aber auch für Ihre Arbeitsmöglichkeiten.

Denken Sie nur an das wichtige Problem der Finanzierung. Viele Gruppen und Berater in freier Trägerschaft sind vollständig auf Spendengelder angewiesen. Vielfach ist es schwierig, Räume für die Beratungen zu finden usw. Das läßt sich mit noch so großem Engagement und guten Vorsätzen nicht ausgleichen!

Die Auswirkungen von Rahmenbedingungen verdeutlicht folgendes Beispiel aus der stationären Suchtkrankenarbeit:

Erhält ein Alkoholabhängiger als Folge von Kostendämpfungsmaßnahmen nur noch acht Wochen stationäre Therapiezeit bewilligt, muß dies in Ihre Therapieplanung miteinfließen. Innerhalb dieses Zeitraums können Sie z. B motivationsfördernd arbeiten und den Klienten zum Anschluß an eine Selbsthilfegruppe bewegen. Auf alle Fälle ist es notwendig, von den bisherigen, auf eine Langzeittherapie von sechs Monaten ausgerichteten Zielen einige Abstriche zu machen, um sich und dem Abhängigen unnötigen und sinnlosen Druck zu ersparen.

Viele betriebliche Suchtberater sehen sich ebenfalls mit Grenzen konfrontiert. In diesem Bereich wird eine erfolgreiche Arbeit oft durch mangelndes Suchtverständnis und durch Interessenkonflikte zwischen Betriebsrat und Betriebsleitung erschwert. So will die Betriebsleitung den Alkoholabhängigen oft möglichst „loswerden", der Betriebsrat eine Kündigung auf alle Fälle verhindern. Ein sinnvolles Vorgehen, nämlich den Abhängigen sowohl mit den Konsequenzen seines Alkoholmißbrauchs zu konfrontieren, als auch Hilfsangebote zu unterbreiten, muß erst mühsam erkämpft werden. – Bedenken Sie:

> **Die realistische Wahrnehmung der Grenzen durch Rahmenbedingungen ist von großer Bedeutung für Ihre Arbeit und für Ihren Kräftehaushalt. Sie zeigt Ihnen, daß Sie nicht alles machen können, was denkbar und sinnvoll wäre, und sie steckt den Rahmen dessen ab, was möglich ist.**

2.2.3 Ihre eigenen Grenzen. Wer immer wieder über seine eigenen Grenzen geht (weil er sie nicht wahrnimmt, weil er sie nicht respektiert, weil ...), erschöpft seine Kräfte und wird anfällig für Unzufriedenheit, Enttäuschung und Resignation. In der Suchtarbeit kann das Übertreten der eigenen Grenzen ein Hinweis darauf sein, daß der Helfer seine Bedeutung für den Entwicklungsprozeß bzw. für die Abstinenz des Abhängigen überschätzt.

Erinnern Sie sich an Herrn H.:

Herr H. hat seine eigene Bedeutung zu hoch eingeschätzt. Er war der Ansicht, daß es von ihm, von seinen Anstrengungen und Bemühungen abhinge, daß und wie schnell Herr L. Entwicklungen machte. Die Folge war, daß ein ganz normaler Rückfall eines Klienten Herrn H. aus der Bahn warf und er seine ganze Arbeit in Frage stellte.

Also:

> **Halten Sie sich in diesem Sinne nicht für zu wichtig. Sie können „nur" Anregungen, Begleitung und Unterstützung geben, aber nicht den Abhängigen und dessen Leben verändern. Diese Aufgabe muß er selbst übernehmen.**

Überengagement hilft weder Ihnen noch dem Abhängigen. In den meisten Fällen werden Sie durch Überstunden weder dauerhaft einen Rückfall verhindern noch ungeschehen machen.

Wir wollen hier nicht für einen „Dienst nach Vorschrift" plädieren, denn Engagement und Identifikation mit den Arbeitsinhalten sind Voraussetzungen für die Zufriedenheit mit der eigenen Arbeit.

Aber die Gefahr liegt im „Über-":

Über-Engagement	➡	
Über-Identifikation	➡	**Über-druß**
Über-Schätzen	➡	**Über-forderung**
Über-Stunden	➡	

2.3 Lernen Sie sich selbst (noch) besser kennen

„Sich selbst kennen" heißt in diesem Zusammenhang, um die persönlichen Stärken und Schwächen zu wissen sowie die eigenen Reaktionsweisen verstehen zu können. Das Wissen um Ihre „wunden Punkte" hilft Ihnen in Ihrer Arbeit, persönliche Verstrickungen im Veränderungsprozeß des Abhängigen und emotionale Überreaktion auf dessen Rückfall zu vermeiden.

Einige mögliche „wunden Punkte" bzw. „blinde Flecken" haben wir in unseren bisherigen Ausführungen bereits betrachtet. Nun möchten wir Sie bitten, Ihre Aufmerksamkeit weiteren Aspekten zuzuwenden.

2.3.1 Überprüfen Sie Ihre Motive

a) ... bezüglich der Wahl eines Helferberufes. Welche Erfahrungen in der eigenen Lebensgeschichte, welche Einstellungen und Interessen haben dazu beigetragen, daß Sie sich ausgerechnet für einen sozialen Beruf oder gar ein ehrenamtliches Engagement in diesem Bereich entschieden haben? Fragen Sie sich ehrlich, ob damit z. B. „Retter-Phantasien" verbunden sind. Tut Ihnen das Wissen gut, in irgendeiner Weise von „Schwächeren" gebraucht zu werden, für diese wichtig zu sein?

Wie wichtig ist Ihnen, Bestätigung und Erfolg durch Ihre Arbeit zu erhalten?

Diese und ähnliche Aspekte werden sich sicher bei vielen Helfern entdecken lassen. Entscheidend ist jedoch, wie und vor allem wie bewußt Sie damit umgehen. Denn ein Helfer, der von einer „Rettung" des Süchtigen abhängig macht, ob er sich als erfolgreich in seiner Arbeit erlebt, ist anfällig dafür, sich übermäßig (d.h. mehr als der Abhängige selbst) zu engagieren, enttäuscht zu sein und sich in der Arbeit zu erschöpfen.

b) ... bezüglich Ihres Interesses an der Suchtarbeit. Viele Helfer im Suchtbereich sind „Ehemalige", d. h. abstinent lebende Abhängige. Ihre eigene Erfahrung gibt ihnen eine Art von Qualifikation, die durch keine Ausbildung, kein Studium je zu erreichen sein wird. Gleichzeitig besteht für sie eine erhöhte Gefahr, durch die von vornherein geringere Distanz stärker in das Geschehen verwickelt zu werden oder sich zu stark zu engagieren. Dies „erlebte" z. B. Herr M.:

Herr M. blickt auf eine leidvolle eigene Suchtkarriere zurück. Nach jahrelangem Kampf hat er einen beruflichen und sozialen Neuanfang gefunden, er lebt abstinent und ist eigentlich ganz zufrieden. Was bleibt, ist das tiefe Bedauern um all das, was nicht wiedergutzumachen ist.

In seiner neuen Firma, wo man um seine Vergangenheit weiß und ihn schätzt, wurde er schon öfters von der Geschäftsleitung gebeten, alkoholauffällige Arbeitnehmer zu beraten. Als er mit diesem Auftrag seinem jungen Kollegen P. gegenübersteht, erkennt er sich selbst in ihm wieder: so wie damals vor 15 Jahren, bevor alles kaputtging. Wie gerne würde er seinem uneinsichtigen Kollegen ein ähnliches Schicksal ersparen! Wenn er ihm doch nur helfen könnte!

In den folgenden Wochen sucht er häufig das Gespräch mit Herrn P., und er schafft es schließlich auch, ihn mit zu seinem Selbsthilfegruppentreffen zu „schleppen". Für das Beste hielte es Herr M., wenn der Kollege endlich einer Langzeittherapie zustimmen würde.

Es ist Herrn M. in unserem Beispiel hoch anzurechnen, daß er sich um seinen Kollegen kümmert. Seine Ideen und Hilfsangebote sind sicher sinnvoll. Doch er muß bei seinem Bemühen, den Kollegen zu „retten", aufpassen, daß er diesen und dessen Entwicklungsstand nicht ganz aus den Augen verliert. Es hat vielmehr den Anschein, als wolle Herr M. seine eigene Geschichte durch seinen Kollegen „wiedergutmachen" lassen.

2.3.2 Ergänzen Sie Ihre „Eigenanalyse" durch Selbsterfahrung in Fortbildung und Supervision. Ihrer Eigenanalyse sind sozusagen durch „Betriebsblindheit" Grenzen gesetzt. Manches wird erst durch den nötigen Abstand deutlich. Daher sollten Sie sich zur Ergänzung Anstöße „von außen" holen.

Viele Fortbildungsmaßnahmen im sozialen Bereich und Supervisionen enthalten in der Regel auch Anteile von Selbsterfahrung. Als Selbsterfahrung wird hierbei das „Sich-selbst-Kennenlernen" bezeichnet. Fachliche und berufliche Probleme werden unter dem Blickwinkel der „eigenen Anteile" betrachtet, d.h. es wird gefragt, inwieweit diese Probleme mit der Person und Persönlichkeitsstruktur des Helfers zusammenhängen. Diese angeleitete Selbstreflexion hilft Ihnen dabei, die bereits häufig erwähnten „blinden Flecken" zu entdecken, bislang unbewußte Motive und Reaktionsweisen für Sie selbst durchschaubar und somit handhabbar zu machen.

Dies gilt vor allem dann, wenn der nötige Ausgleich fehlt. Ausgleich im umfassenden Sinn bedeutet dabei nicht nur „Auftanken" für die Arbeit, sondern eine ausgewogene, vielfältige Lebensgestaltung.

Je größer und gewichtiger der Stellenwert der Helfertätigkeit ist, um so negativer wirken sich die in ihr erlebten Enttäuschungen und Rückschläge aus (quasi wegen der größeren „Angriffsfläche"). Ebenso ist die Gefahr einer Verstrickung größer, wenn Helfen zur Hauptquelle von Bestätigung und Zuwendung wird.

Stellen Sie sich vor:

Der Kontakt von Herrn B. zu seinem Freundeskreis ist wegen seiner vielen Abend- und Wochenendtermine in der ehrenamtlichen Suchtarbeit mit der Zeit eingeschlafen. Damit versiegt für ihn eine Quelle emotionaler Zuwendung. Sein Bedürfnis, als Mensch geliebt und anerkannt zu werden, bleibt natürlich vorhanden.

Nun besteht das Risiko, daß es Herrn B. in der Folgezeit immer wichtiger wird, von „seinen" Alkoholabhängigen gemocht und bestätigt zu werden.–Eine Verstrickung scheint vorprogrammiert.

2.4 Entwickeln Sie ein Bewußtsein für institutionelle Strukturen

Ihre ausführliche Selbstanalyse sollten Sie durch eine „Institutionsanalyse" vervollständigen. Eine ausschließliche Beschäftigung mit innerpsychischen Zusammenhängen läßt viele Helfer Rahmenbedingungen übersehen, die für das Verständnis eigener Reaktionen jedoch sehr wichtig sind.

Institutionellen Faktoren kommt eine zentrale Bedeutung zu für das Ausmaß an Belastung, das Helfer durch einen Rückfall erfahren. Nach unseren Erkenntnissen wirkt sich in stationären Einrichtungen das „Buchführen" darüber, wieviele Rückfällige auf einen zuständigen Behandler „entfallen", zusätzlich belastend aus. Dies gilt ebenso für eine routinemäßige sofortige Entlassung nach einem Rückfall. In beiden Fällen erscheint die belastende Wirkung verständlich – drückt sich doch im Buchführen und Entlassen eine eindeutig negative Sicht des Rückfalls als Scheitern aus.

Im Gegensatz dazu hat die Weiterarbeit mit einem Rückfälligen nach einem vorgesehenen Rückfallaufarbeitungskonzept bei vielen Helfern eine entlastende Auswirkung. Letzteres trifft selbstverständlich nicht auf diejenigen Helfer zu, die aus prinzipieller Überzeugung oder weil sie sich im Einzelfall zu befangen fühlen, nicht mit Rückfälligen weiterarbeiten wollen.

2.5 Schaffen Sie sich Möglichkeiten der Regeneration

2.5.1 Gestalten Sie Ihr Leben ausgewogen. Selbstverständlich ist Ihnen schon längst bekannt, daß es wichtig ist, einen Ausgleich zur Arbeit zu haben: Entspannung, Muße, Abwechslung, Anregung usw. In Ihrer Helfertätigkeit haben Sie selbst des öfteren den Ratschlag erteilt, sich eine sinnvolle Freizeitbeschäftigung zu suchen oder auszuspannen. Und dennoch ist im sozialen Bereich ein Phänomen häufig anzutreffen: Helfer, die anscheinend ständig aktiv sind und das Helfen quasi zu ihrem Leben gemacht haben. Kennen Sie z. B. Herrn S.?

Herr S. kehrt nach einer stationären Langzeittherapie trocken und voller guter Vorsätze nach Hause und an seinen Arbeitsplatz zurück. Diese Therapie hat ihm die Augen geöffnet! Er fühlt sich dazu aufgerufen, Aufklärungsarbeit zu leisten und dazu beizutragen, daß anderen Abhängigen schneller und besser geholfen wird als ihm.

Herr S. schließt sich einer Selbsthilfegruppe an. Er besucht nicht nur die wöchentlichen Gruppenabende, sondern engagiert sich darüber hinaus. Er nimmt an regionalen und überregionalen Treffen, Arbeitskreisen und Tagungen teil. Als er die Möglichkeit erhält, in Wochenendkursen an einer Fortbildung in Suchtberatung teilzunehmen, greift er sofort zu. Herr S. hält zu „seiner" Klinik, in der er die Entwöhnungsbehandlung gemacht hat, weiterhin Kontakt. Teilnahme an den Ehemaligen-Treffen ist Ehrensache! Ab und zu schreibt er Erfahrungsberichte für die Klinikzeitung. Außerdem übernimmt er Patenschaften für Patienten, die er während der stationären Behandlung besucht, bei Erledigungen und Ämtergängen unterstützt und denen er später den Übergang nach „draußen" erleichtern will.

Das alles geschieht „ehrenamtlich", d. h. unbezahlt und in seiner Freizeit. Seinen Lebensunterhalt muß er schließlich nach wie vor in der Firma verdienen. Mit seiner Helfertätigkeit verbringt er fast alle Abende und Wochenenden. Oft nimmt er sich auch Urlaub dafür.

Dies oder ähnliches ist im übrigen nicht nur bei Ehemaligen zu beobachten, bei denen dieses „Sich-in-die-Arbeit-Stürzen" manchmal den Anschein einer Suchtverlagerung erweckt.

Wer der Arbeit und allem, was damit zusammenhängt (wie z. B. Tagungen, Fachliteratur, Fortbildung), einen zu großen Raum in seinem Leben gibt, gerät leicht in die Gefahr, sich in der Arbeit zu erschöpfen. Infolgedessen ist ein ausgeglichenes und befriedigendes Leben nicht nur für Ihr generelles Wohlbefinden bedeutsam. Es dient zudem als stabile Grundlage für die anstrengende Tätigkeit des Helfens.

2.5.2 Sorgen Sie auch bei der Arbeit für Ausgleich. Was für die Lebensgestaltung im allgemeinen gilt, sollte auch in der Gestaltung der Arbeit (des Helfens) selbst berücksichtigt werden. Wir möchten Ihnen deshalb abschließend noch einige Vorschläge zu Entspannungsmöglichkeiten und Arbeitserleichterungen bei der Helfertätigkeit machen:

a) Strukturieren Sie Ihren Arbeitsalltag möglichst so, daß besonders anstrengende Tätigkeiten (z. B. ein Krisengespräch) mit weniger anstrengenden (z. B. Routineschreibarbeiten) abwechseln.

b) Achten Sie darauf, daß Pausen wirklich Pausen sind. Vermeiden Sie also Gespräche mit Kollegen über die Abhängigen in der Mittagspause. Essen Sie z. B. den Apfel nicht so nebenbei, wenn Sie sich gerade Notizen machen.

c) Räumen Sie zum Abschalten das Feld. Am besten gelingt das Abschalten, wenn Sie den Raum wechseln oder beispielsweise einen Spaziergang machen. Für den Fall, daß dies nicht möglich ist:

d) Verwenden Sie Rituale, die Ihnen das innere Abschalten erleichtern. Dazu einige Beispiele:

● Öffnen Sie das Fenster und lassen Sie „frischen Wind" herein.

● Stehen Sie auf und schütteln Sie Ihre Anspannung über Arme und Beine von sich ab. Lassen Sie evtl. noch einige Gymnastikübungen folgen.

● Hilfreich können auch Bilder und Phantasien eingesetzt werden.

Zum Beispiel: Stellen Sie sich vor, ein angenehm warmer Regen spült alles, was schwer und zäh an Ihnen haftengeblieben ist, weg. Oder stellen Sie sich vor, daß Sie alle „Reste", d.h. Gedanken und Gefühle, einen nach dem anderen an bunte Luftballons binden und davonfliegen lassen.

● Schließen Sie demonstrativ den Aktendeckel, nachdem Sie die Gesprächsnotiz vermerkt haben.

3. Resümee

Unseren Ausführungen liegt die Ansicht zugrunde, daß Suchtkrankenhilfe eine überaus notwendige, wichtige und sinnvolle Aufgabe darstellt.

Niemandem ist damit gedient, wenn die wenigen, die sich dieser Aufgabe stellen, „ausbrennen", sich erschöpfen oder am Sinn der Hilfe zu zweifeln beginnen nach dem Motto: „Es hilft eh nichts, die saufen ja doch wieder!"

Es stimmt: Rückfälle sind alltäglicher Bestandteil der Suchtkrankenhilfe. Aber mit dieser Feststellung ist es nicht getan. Rückfälle sind für Helfer ein Negativereignis, das sie belastet. Bislang sind sie damit alleingelassen. Über das „Alltägliche" wird nicht einmal in angemessener Weise gesprochen. Wer hilft schon Helfern?

Unser erstes Anliegen war es, das Schweigen zu durchbrechen und darauf aufmerksam zu machen, daß Rückfall auch ein Problem für Helfer ist. Suchtkrankenhilfe wird weniger belastend und „bedrohlich" sein, wenn das Thema Rückfall kein Tabu mehr ist.

Unsere Vorschläge für ein „gesünderes" Umgehen mit Rückfällen sind sehr unterschiedlicher Art: mal konkret („Gymnastik"), mal abstrakter („blinde Flecken"). Sie sind nicht: vollständig und ein Patentrezept.

Unser zweites Anliegen war, die Bandbreite der Möglichkeiten, wie Sie in sich selbst schonender und möglicherweise gewinnbringender Weise mit Rückfällen umgehen können, auszuleuchten. Sie reicht von kleinen Veränderungen, wie mal eine richtige Pause machen, bis zu Selbsterfahrung und der Arbeit an einem neuen Rückfallverständnis.

Wir hoffen, daß Ihnen unsere Vorschläge eine Hilfe sein können. Sie sind in Ihrer Tätigkeit mit viel Leid konfrontiert: lassen Sie sich nicht anstecken!

4. Auflösung des „Rückfall-Burnout-Gefährdungstests"

Falls Sie das keineswegs verdeckte Aufbauprinzip der Fragen übersehen haben sollten: Die geradzahligen Fragen betrafen persönliche Haltungen zu und Umgangsweisen mit Rückfällen, die ungeradzahligen institutionelle Faktoren.

Unser Auswertungsvorschlag, der nicht ernster genommen werden sollte als sonstige ohne wissenschaftlichen Anspruch entwickelte Psychotests, umfaßt zwei Bereiche:

4.1 Resultate bei geradzahligen Fragen

Vergeben Sie in folgender Weise Punkte (mit Ausnahme der Fragen Nr. 4, 20, 26) und zählen Sie zusammen:

„ja" = 0 Punkte, „nein" = 1 Punkt, „weiß nicht" = 2 Punkte.
Für die Fragen Nr. 4, 20, und 26 gilt:
„nein" = 0 Punkte, „ja" = 1 Punkt, „weiß nicht" = 2 Punkte.
Zählen Sie alle Punktzahlen zusammen.

0 – 3 Punkte: Sie arbeiten in einer Institution, die so gut ist, daß es sie eigentlich gar nicht gibt. Sie sollten unbedingt bleiben und – da Ihre Einrichtung Ihnen sicher den Freiraum dafür läßt, Sie wahrscheinlich sogar extra dafür honoriert – publizieren, wie es dazu kommen konnte!

4 – 8 Punkte: Sie haben mit Ihrem Tätigkeitsfeld in der Suchtkrankenhilfe auch noch Glück gehabt. Nichtsdestotrotz sollten Sie den Anfängen wehren und sich möglichst mit gleichgesinnten Kollegen überlegen, wo Mißstände sind und wie sie zu beheben sind. Anschließend bitte Erfahrungsberichte weitergeben.

9 – 12 Punkte: Durch institutionelle Mißstände sind Sie burnoutgefährdet. Sie sollten unbedingt im Kreise gleichgesinnter Kollegen Veränderungsmöglichkeiten überlegen, ggf. einen Betriebsrat gründen und nebenbei Augen und Ohren offenhalten, ob es nicht irgendwo ein weniger streßreiches Tätigkeitsfeld in der Suchtkrankenhilfe gibt.

Mehr als 13 Punkte: Eigentlich können wir Ihnen nur den Wechsel Ihrer Arbeitsstelle empfehlen! Da dies nur in den seltensten Fällen ohne weiteres möglich ist, verweisen wir auf die Empfehlungen unter 9 – 12 Punkte und auf das Zusammenspiel mehrer Faktoren beim Burnoutprozeß. Beachten Sie also sorgfältig Ihr Testresultat im folgenden.

4.2 Resultate bei ungeradzahligen Fragen

Vergeben Sie in folgender Weise Punkte und zählen Sie zusammen:
„nein" = 0 Punkte, „ja" = 1 Punkt, „weiß nicht" = 2 Punkte.

0 – 3 Punkte: Sie sind weitgehend burnoutgefeit. Auf für uns unerklärliche Weise gehen Sie, auch ohne vorher Kenntnis von unserem Beitrag gehabt zu haben, auf vorbildlich sich selbst schonende Art und Weise mit Rückfällen um.

4 – 8 Punkte: Ein Rückfallburnout droht nicht unmittelbar, aber es gibt noch einiges zu verbessern. Sollte die Lektüre obenstehenden Beitrages für Sie nicht ausreichend sein, innerhalb eines halben Jahres (einen Klientenrückfall vorausgesetzt) in die Kategorie 0 – 3 Punkte vorzustoßen, empfehlen wir den Besuch der ein oder anderen Weiterbildungsveranstaltung zum Rückfallthema.

9 - 12 Punkte: Sie scheinen sich am Anfang eines rückfallbezogenen

Burnoutprozesses zu befinden. Halten Sie inne im Umgang mit Rückfällen und lassen Sie die obenstehenden Ausführungen auf sich wirken. Wo können Sie sich noch Hilfe z. B. in Form von Weiterbildung holen? Besteht die Möglichkeit, zusätzlich eine Kur zu machen? Sehen Sie eine Möglichkeit, uns zu einer Weiterbildungsmaßnahme einladen zu lassen? **Mehr als 13 Punkte:** Sicherlich sind Ihnen die von uns erwähnten Burnoutsymptome wohlbekannt. Wir raten Ihnen dringend, Ihre Rolle als Helfer im Suchtbereich zu überdenken. Wollen und können Sie in diesem Aufgabenfeld überhaupt arbeiten? Wenn ja, machen Sie auf jeden Fall eine Pause in Ihrer Arbeit, machen Sie Urlaub, bestimmt kriegen Sie eine Kur verschrieben o. ä. Nach der Pause besuchen Sie dringend Weiterbildungsveranstaltungen zum Thema Rückfall und vielleicht Burnout. Beachten Sie das Resultat, das Sie für den institutionellen Bereich erzielt haben und überdenken Sie ggf. noch einmal Ihre obige Entscheidung.

5. Literaturverzeichnis

Back, R., und Gehring, U. (1989). Das Bewältigungsverhalten von Suchttherapeuten beim Rückfall eines „ihrer" Klienten. Psychologisches Institut der Universität Heidelberg: unveröffentlichte Diplomarbeit.

Burisch, M. (1989). Das Burnout-Syndrom. Theorie der inneren Erschöpfung. Berlin: Springer.

Herder, S., und Sakofski, A. (1988). Der Rückfall und seine Bedeutung für die Psychohygiene des Therapeuten. In J. Körkel (Hrsg.) Der Rückfall des Suchtkranken – Flucht in die Sucht? (pp. 272-298). Berlin: Springer.

III. Zum Umgang mit Rückfällen in verschiedenen Praxisfeldern

III.1 Der Rückfall als Bestandteil betrieblicher Suchtberatung

Eberhard Dittmann und Alfred Möser

Inhaltsübersicht

91

1. Einleitung

Mit diesem Kapitel wenden wir uns an Sie als betriebliche Mitarbeiterin oder Mitarbeiter, die Sie mit dem Thema „Alkohol und Arbeitsplatz" befaßt sind. Als Ansprechpartner für individuelle Suchtprobleme und für Fragen der Suchtgefährdungen sind Sie tätig als betrieblicher Sozialbzw. Suchtberater (von Beruf z. B. Sozialarbeiter, Psychologe, Pädagoge), Betriebsarzt oder Suchtkrankenhelfer (z. B. als „Ehemaliger" oder engagierter Mitarbeiter mit entsprechender Fortbildung). Möglicherweise kümmern Sie sich in Ihrer Funktion als Betriebsarzt um die Belange alkoholauffälliger Kolleginnen und Kollegen. Da Sie alle in unterschiedlicher Weise mit betrieblichen Suchtproblemen befaßt sind, bezeichnen wir Sie im folgenden zusammenfassend als „betriebliche Suchtbeauftragte".

Der verschiedenartige berufliche Hintergrund und – mehr noch – die unterschiedliche hierarchische Stellung in der Funktion als Suchtbeauftragter in Betrieben und Verwaltungen legt bereits eine Folgerung nahe:

Beim Rückfall eines Arbeitnehmers gibt es in der Praxis unterschiedliche Handlungsmöglichkeiten und Herangehensweisen.

So ist es zum Beispiel ein wesentlicher Unterschied, ob ein Suchtbeauftragter hauptamtlich eingestellt wurde, hierarchisch hoch angebunden ist und über eigene Entscheidungskompetenz verfügt oder als engagierter Mitarbeiter weisungsabhängig ist.

Für den Umgang mit Rückfälligkeit am Arbeitsplatz spielen, neben dem Wissensstand und der beruflichen Qualifikation der Suchtbeauftragten, betriebliche Bedingungen eine Rolle. Maßgeblich sind betriebliche Faktoren wie:

a) Betriebsgröße (Klein-, Mittel-, Großbetrieb),
b) betriebliche Fort- und Weiterbildungsmaßnahmen,
c) Erfahrungen mit Alkoholpräventionsprogrammen,
d) strukturelle Maßnahmen, z. B. die vorhandenen Interventionskonzepte, Betriebsvereinbarungen, Arbeitskreise bzw. Gesundheitszirkel.

Wo bisher keine Alkoholpräventionsprogramme entwickelt wurden, ist sicherlich die Akzeptanz gegenüber dem Rückfallthema geringer als dort, wo zum Beispiel systematische Führungskräfteschulungen durchgeführt werden. Bei Klein- und Mittelbetrieben, bei denen es weder einen professionellen Suchtbeauftragten noch ein Alkoholpräventionsprogramm gibt, kann ein sinnvoller Weg darin bestehen, die Zusammenarbeit mit externen Suchtberatungsstellen zu suchen. Des weiteren bieten die Landesstellen gegen die Suchtgefahren regionale Arbeitskreise für Betriebe und Verwaltungen an.

Vor dem Hintergrund dieser unterschiedlichen betriebspraktischen Bedingungen haben wir uns bemüht, grundsätzliche Überlegungen für den Umgang mit Rückfälligkeit zu entwickeln.

Für die Umsetzung in die Praxis gilt für das Problem Rückfall - wie auch für das Thema Alkohol am Arbeitsplatz allgemein -, daß Sie die einzelnen Gesichtspunkte an die örtlichen Erfordernisse und Möglichkeiten Ihres Betriebes, Unternehmens oder Ihrer Verwaltung anpassen müssen.

2. Der Rückfall am Arbeitsplatz

2.1 Der Rückfall - am Arbeitsplatz keine Ausnahme!

Unserem Kenntnisstand nach gibt es keine zuverlässigen Daten über Rückfallquoten in Unternehmen und Verwaltungen. In unsystematischen Erhebungen werden Rückfallquoten von 12,5 Prozent genannt (weniger als vier Jahre nach Behandlungsende; Krefter 1987); andere Firmen berichten für einen Fünf-Jahres-Zeitraum 24 Prozent rückfällige Arbeitnehmer (nach Rußland 1989). Auch aus eigenen Erfahrungen wissen wir, daß Rückfälle zur alltäglichen Aufgabe von betrieblichen Suchtbeauftragten gehören.

2.2 Der Rückfall - am Arbeitsplatz kein Thema?

Trotz der Erfahrungen mit Rückfällen alkoholabhängiger Arbeitnehmer ist immer wieder festzustellen, daß in vielen Alkoholpräventionsprogrammen das Thema Rückfall nicht behandelt oder nur angedeutet wird. Es stellt sich die Frage, wie es zu diesem Defizit kommt. Unsere Überlegungen dazu sind die folgenden:

1. Viele Vorgesetzte führen nur widerstrebend Kritikgespräche (insbesondere bei Suchtproblemen). Dies ist nichts Ungewöhnliches: Bekanntlich wird auch von anderen Personen im Umfeld des Alkoholabhängigen dessen Suchtverhalten lange verharmlost, übersehen oder gedeckt (siehe Rennert 1991). Die bange Ahnung, daß das bestehende Suchtproblem und die damit verbundenen Ärgernisse erneut zutage treten, reduziert die Bereitschaft, offensiv auf ein Gespräch zuzusteuern und zu handeln.

2. Unternehmen und Betriebe sind ökonomisch ausgerichtet. Das heißt, sie orientieren sich an den Prinzipien Erfolg und Effizienz. Nun läßt sich annehmen, daß man – ob ausgesprochen oder nicht – auch von den betrieblichen Suchtbeauftragten Erfolgsstatistiken erwartet. Wenn dann von den Experten angegeben würde, daß statistisch gesehen über 50 Prozent aller stationär therapierten Alkoholabhängigen innerhalb der ersten vier Jahre nach Behandlungsende wieder rückfällig werden (vgl. Beitrag Körkel, in diesem Band, Kapitel I), so liegt die Vermutung nahe, daß Unternehmensleitungen „es sich dreimal überlegen", ob sie ein aufwendiges Alkoholpräventionsprogramm starten. Deshalb schweigt man lieber über Rückfallquoten: Man ist froh, daß in puncto Alkoholismusprävention überhaupt etwas im Betrieb passiert.

3. Das Thema Rückfall ist wenig imageträchtig für Suchtbeauftragte und betriebliche Präventionsprogramme. Rückfälle werden häufig gleichgesetzt mit Mißerfolg und Versagen. Zudem ist oft zu beobachten, daß Unternehmens- und Verwaltungsleitungen Alkoholprobleme nicht eingestehen wollen, da sie als „negatives Aushängeschild" der Organisation verstanden werden.

Welche Folgen entstehen daraus für die Praxis?

a) Es gibt ein Informationsdefizit bei allen Beteiligten. Das heißt, daß das Thema Rückfall nicht oder nur unzureichend in Schulungen, Informationsveranstaltungen und -broschüren aufgegriffen wird.

b) Es kommt zu Rückfallmythen, wie z. B. „Ein Schluck und gleich wieder hoffnungslos besoffen" (vgl. Beitrag Körkel, in diesem Band, Kapitel I).

c) Die Angst vor Rückfällen ist entsprechend groß. Es kommt leicht zu unangemessenen Reaktionen.

d) Es fehlen Handlungsstrategien für den Umgang mit Rückfälligkeit. Führungskräfte können sich dann mangels konkreter Orientierungsmöglichkeiten schnell im Stich gelassen fühlen.

e) Auch die Suchtbeauftragten werden beim Rückfall eines Arbeitnehmers allein gelassen. Sie müssen nicht selten über „ihren" Mißerfolg Rechenschaft ablegen, das heißt, sie befinden sich in der Defensive.

Wir meinen daher:

Gehen Sie offensiv mit dem Thema Rückfall um.

Je offener und klarer Sie in Ihrer eigenen Haltung zum Thema Rückfall sind, desto mehr fördern Sie eine entsprechende Akzeptanz im betrieblichen Umfeld. Dafür ist das Wissen um die Unterschiedlichkeit der Rückfallverläufe und deren mögliche Auswirkungen auf das betriebliche Umfeld eine wesentliche Voraussetzung.

2.3 Rückfall ist nicht gleich Rückfall

Vorliegende Studien aus der Rückfallforschung kommen zu folgenden Schlußfolgerungen, die wir auch auf die betriebliche Suchtarbeit für übertragbar halten:

> **Rückfälle haben einen Verlauf und dieser ist sehr uneinheitlich.**

Einige der Verlaufsformen haben wir in Abbildung 1 verdeutlicht. Ein Teil der Rückfälle wird am Arbeitsplatz nicht oder erst nach längerer Zeit bemerkt. Es handelt sich dabei um „Ausrutscher" am Wochenende (Abb. 1a) oder um heimliches, mäßiges Trinken über einen längeren Zeitraum (Abb. 1b). Anders als beim „schweren" Rückfall (Abb. 1c) kommt es dabei in der Regel nicht zu erkennbaren Beeinträchtigungen im Arbeitsverhalten und der Arbeitsleistung des Beschäftigten. Diese unterschiedlichen Verläufe mit ihren verschiedenartigen Auswirkungen auf das Arbeitsverhältnis führen uns zu der Folgerung:

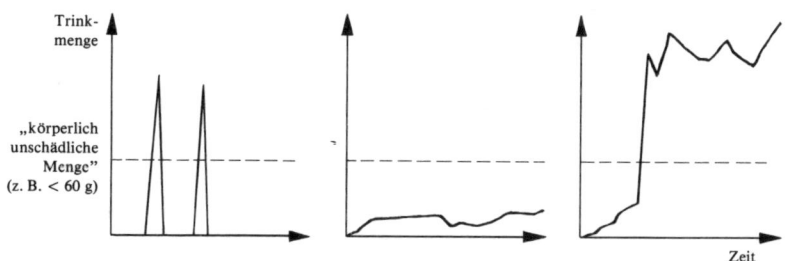

Abbildung 1: Beispiele für unterschiedliche Rückfallverläufe: a) mehrere „Ausrutscher", ansonsten abstinent; b) mäßiges Trinken ohne Probleme; c) „schwerer" Rückfall mit Auswirkungen auf den Arbeitsplatz; nach Dittmann und Körkel (1989)

> **Es gibt nicht „die" Vorgehensweise beim Rückfall eines Arbeitnehmers.**

Vielmehr ist davon auszugehen, daß die Interventionen der Suchtbeauftragten und die Maßnahmen des Betriebes oder der Verwaltung an die Besonderheiten des Einzelfalles angepaßt werden müssen. Relativ unproblematisch sind Rückfallverläufe, wenn die Betroffenen von sich aus frühzeitig Hilfe in Anspruch nehmen. Bei „schweren" Rückfällen dagegen sind betriebliche Interventionsmaßnahmen erforderlich (siehe 3.2). Äußerst schwierig wird die Vorgehensweise dann, wenn Arbeitnehmer nach mehreren abstinenten Zeiten und Behandlungsmaßnahmen immer wieder rückfällig werden.

3. Das betriebliche Umfeld

3.1 Reaktionen und Bedeutung des betrieblichen Umfeldes

Im folgenden stehen die Führungskräfte im Mittelpunkt unserer Überlegungen. Da sie Führungsverantwortung (Fürsorgepflicht) tragen und im individuellen Problemfall dieser Verantwortung nachkommen müssen, kommt ihnen im betrieblichen Umfeld eine Schlüsselfunktion zu.

Zur Einstimmung auf diese Thematik bitten wir Sie, sich folgende Szene vorzustellen:

Sie hatten mit großer Mühe einen Mitarbeiter in eine stationäre Entwöhnungsbehandlung vermitteln können. Seit fünf Monaten arbeitet er wieder zur vollen Zufriedenheit seiner Vorgesetzten an seinem alten Arbeitsplatz. Eines Morgens begegnen Sie ihm im Flur. Bei der Begrüßung wendet er sich Ihnen zu, und Ihnen „schlägt" eine Alkoholfahne entgegen. Was ist wohl Ihre erste Reaktion? Welche Gefühle steigen in Ihnen hoch? Was sind Ihre ersten Worte?

Nehmen Sie sich jetzt einen Augenblick Zeit. Am besten, Sie holen sich ein Blatt Papier und schreiben Ihre ersten Reaktionen, Gefühle und Gedanken auf, bevor Sie weiterlesen: ....

Wahrscheinlich können Sie sich in einer oder mehreren der folgenden Formulierungen wiederfinden:

„Ich bin enttäuscht." – „Nein, das darf doch nicht wahr sein!" – „Was habe ich falsch gemacht?" – „Jetzt beginnt alles wieder von vorne!"

Hoffnungslosigkeit, Ohnmacht, Selbstzweifel, Ärger, Wut, Hilflosig-

keit und anderes mehr: das sind die Gefühle, die den meisten Suchtbeauftragten nach Rückfällen von Alkoholabhängigen vertraut sind. Im
massiven Falle gilt gar:

Rückfälle werden als persönliche Kränkung erlebt.

Wenn solche und ähnliche Reaktionen schon bei Ihnen als „Profi" ablaufen, wie geht es dann wohl einem Vorgesetzten im Betrieb, der eine
solche Begegnung nach kürzerer (oder auch längerer) Abstinenz mit seinem Mitarbeiter erlebt?

**Hoffnungslosigkeit, Ohnmacht, Selbstzweifel, Ärger, Wut, Hilf-
losigkeit und ähnliche emotionale Reaktionen bestimmen auch
das Handeln von Vorgesetzten.**

Die Palette und die Intensität der Gefühle sind in ihrer Ausprägung
sehr unterschiedlich. Gerade in den Fällen, in denen eine (enge) persönliche Beziehung zwischen dem Vorgesetzten und dem Abhängigen besteht,
oder in denen ein engagiertes Vorgehen des Vorgesetzten zur Therapie
führte, sind starke Emotionen an der Tagesordnung. Dies ist insbesondere dann der Fall, wenn sich der Vorgesetzte in seiner Hilfestellung ge-
täuscht und als Chef nicht ernstgenommen fühlt. Aus einer solchen Ver-
fassung heraus sind häufig zwei Verhaltensweisen zu beobachten:
● *Blindes Agieren.* Der Vorgesetzte ist so stark gekränkt, daß er nach
der Maxime handelt: „Ich sorge dafür, daß Sie rausfliegen."
● *Nichts sehen, nichts riechen, nichts hören.* Der Vorgesetzte will es
nicht wahrhaben und „übersieht" den Rückfall – oder er bagatellisiert
ihn. Dahinter mag die Scheu oder Angst vor einem Ansprechen des Arbeitnehmers auf seinen erneuten Alkoholkonsum stehen.
Diese co-alkoholischen Reaktionen haben zur Folge:
1. In beiden Fällen wird ein „Auswuchern" des Rückfalles begünstigt.
2. Der Vorgesetzte wird selbst zum Leidtragenden. Die beschriebenen
Gefühlsreaktionen führen auf Dauer zur Beeinträchtigung seines Wohlbe-
findens. Wir hören regelmäßig Äußerungen wie: „Es hat ja doch keinen
Sinn" und „ich werde im Stich gelassen". Frustration und Resignation
schränken zunehmend sein Handlungsvermögen als Führungskraft ein.
Unserer Ansicht nach wird daraus deutlich, daß insbesondere andauernde und ausufernde Rückfälle zu einem erheblichen *Führungsproblem*
werden können.

3.2 Beratungsangebote für das betriebliche Umfeld

In dem zerstörerischen Prozeß der Suchtdynamik ist nämlich nicht nur der Alkoholabhängige Leidtragender, sondern auch derjenige – wie wir gesehen haben –, der mit ihm zu tun hat. Daraus ergibt sich folgende Schlußfolgerung für die Arbeit des Suchtbeauftragten:

> **Vorgesetzte brauchen Unterstützung.**

Deshalb gilt auch:

> **Dieses „System der Zusammenhänge (Abhängigkeiten)" im Blick zu haben, ist Aufgabe des Suchtbeauftragten.**

Welche Unterstützung können Sie als Suchtbeauftragter Vorgesetzten im Hinblick auf das Rückfallthema anbieten? Je nach Rückfallverlauf können dies die folgenden Maßnahmen sein:

(a) Sie bieten dem Vorgesetzten eine Einzelberatung an. Inhalte können dabei sein:

● Klärung seiner emotionalen Reaktionen nach dem Rückfall eines Arbeitnehmers, z. B. Resignation.

● Sammeln und ordnen der Fakten: Welche Auswirkungen hat der Rückfall des Betroffenen auf dessen Arbeitsverhalten und Arbeitsleistung? Welche Probleme entstehen für die Abteilung bzw. Arbeitsgruppe?

● Erarbeitung seiner Handlungsmöglichkeiten als Vorgesetzter.

● Unterstützung bei Kritikgesprächen mit dem Rückfälligen: gemeinsame Vorbereitung und ggf. Anwesenheit bei diesen Gesprächen.

(b) Sie koordinieren die betrieblichen Hilfsmöglichkeiten. Bei anhaltender Rückfälligkeit haben sich dafür *„Runde-Tisch-Gespräche"* bewährt. Für die Einleitung dieser Maßnahme muß als Voraussetzung eine Beeinträchtigung im Arbeits- und / oder Leistungsverhalten des Rückfälligen vorliegen (siehe Beitrag Fleck, in diesem Band). Ist dies der Fall, bemüht sich der Vorgesetzte in Abstimmung mit Ihnen darum, daß möglichst alle zu beteiligenden Personen im Umfeld des Rückfälligen zu einer gemeinsamen Besprechung zusammenkommen. Dies könnten sein (je nach Lage des Einzelfalles unterschiedlich): die zuständigen Vorgesetzten, die Personalvertretung, der betriebsärztliche Dienst, ehrenamtliche Sucht-

helfer, unmittelbare Kolleginnen und Kollegen, Mitarbeiter der Personalstelle. Unter Ihrer Moderation und Beratung kann dann gemeinsam geklärt werden, in welcher Weise sich das Suchtverhalten des Rückfälligen auf das Arbeitsverhältnis ausgewirkt hat, welche Absprachen und Auflagen mit dem Betroffenen vereinbart werden können und was jeder einzelne Gesprächsteilnehmer zur Problemlösung beitragen kann. Im nächsten Schritt wird dann der Betroffene in die Gesprächsrunde einbezogen. Er kann auf diese Weise damit konfrontiert werden, wie jeder einzelne ihn mit seinem Rückfallverhalten wahrnimmt (Kontakt mit der Realität herstellen), welche Verhaltensänderungen von ihm gefordert werden, welche Hilfe ihm angeboten werden kann und welche arbeits- bzw. dienstrechtlichen Konsequenzen auf ihn zukommen werden, wenn er sich nicht zur Mitarbeit und damit zur Verhaltensveränderung entschließt.

Diese Vorgehensweise ist das Grundprinzip der sogenannten Interventionsmodelle, mit denen zunehmend betriebliche Suchthilfemaßnahmen festgeschrieben werden (vgl. Rußland 1989).

Die „Runde-Tisch-Gespräche" haben wichtige Vorteile:

● Co-alkoholische Verhaltensweisen können abgebaut bzw. begrenzt werden, indem die verschiedenen Verantwortlichkeiten angesprochen und verbindlich gemacht werden (z.b. Vorgesetzte kontrollieren Vereinbarungen wie: Krankmeldung beim ersten Fehltag, Arbeitsleistung und Arbeitsverhalten);

● es kann verhindert werden, daß der Rückfällige im ungünstigen Fall die beteiligten Personen gegeneinander ausspielt und damit konsequentes Vorgehen erschwert oder unmöglich macht;

● es kann geklärt werden, ob andere (Team-) Probleme in der Abteilung mit der Rückfälligkeit des Mitarbeiters „vermischt" werden; damit kann verhindert werden, daß der Rückfällige in eine Sündenbock-Rolle gerät;

● „Runde-Tisch-Gespräche" dienen der Entlastung von Vorgesetzten und anderen Beteiligten und somit auch deren Schutz (siehe oben: Co-Alkoholismus heißt auch Mit-Leiden).

(c) Streben Sie an, daß das Thema Rückfall zum Bestandteil von Führungskräfteschulungen gemacht wird. Führen Sie solche Schulungen selbst durch oder nehmen Sie daran teil, um dieses Thema offensiv anzugehen. Wie dieses Thema erlebnisorientiert aufgegriffen werden kann, wollen wir anhand einiger Erfahrungen vorstellen.

3.3 Der Rückfall als Bestandteil von Schulungen und Informationsveranstaltungen

Da Vorgesetzte keine Suchtexperten sind und es auch nicht Ziel sein kann, sie zu solchen zu machen, ist es sinnvoll, ihnen in Schulungen die Leitlinie *„Holen Sie sich Unterstützung"* zu vermitteln. Diese Botschaft ist in der Praxis schwer umzusetzen, da Vorgesetzte in ihrem betrieblichen Alltag oft nach dem Motto leben: „Als Führungskraft muß ich Bescheid wissen, und andere können sich bei mir Rat holen." Oder sie haben die Erfahrung gemacht, daß sie im Problemfall tatsächlich auf sich allein gestellt sind.

Praktisch bedeutet die Botschaft „Holen Sie sich Unterstützung", daß sich Vorgesetzte *vor* einem Gespräch mit einem rückfälligen Mitarbeiter mit dem betrieblichen Suchtbeauftragten beraten sollten.

Um den Vorgesetzten für die genannte Botschaft zu sensibilisieren, ist ein offensives Umgehen mit dem Thema Rückfall in Schulungen notwendig. Dies kann schon an den Ausschreibungstexten deutlich gemacht werden, wie etwa: „Rückfall als Bestandteil der Alkoholabhängigkeit." Eine erlebnisorientierte Möglichkeit, diese Thematik Führungskräften nahezubringen, ist die Einladung der Seminarteilnehmer zu folgender Phantasiereise:

Stellen Sie sich einmal eine Eigenschaft vor, die Sie an sich selbst nicht mögen. Es kann vielleicht sein, daß Sie rauchen, daß Sie zuviel fernsehen, daß Sie nach einem Streit häufig schmollen, daß Sie schlecht nein sagen können, daß Sie ... (Pause) Sicher werden Sie feststellen, daß auch Sie, wie anscheinend alle Menschen, Eigenschaften haben, mit denen Sie unzufrieden sind. Überlegen Sie nun einmal, wie oft Sie schon probiert haben, diese zu verändern oder abzustellen. (Pause) Wie lange hielt diese Veränderung an? (Pause) Was passsierte in Ihnen, wenn Sie feststellten, daß es wieder einmal nicht geklappt hat? (Pause) Welche Gefühle verspürten Sie dann? (Pause)

Wenn Sie als Trainer fragen: „Wem ist keine Eigenschaft eingefallen?" und diejenigen bitten, die Hand zu heben, dann werden in der Regel alle Hände untenbleiben. Sie können dann fortfahren:

„Wer von Ihnen möchte kurz berichten, was er so erlebt hat, als er sich eine Verhaltensveränderung vornahm?"

In der Regel beginnt ein Teilnehmer spontan zu erzählen, die anderen schließen sich an. Dabei werden durchaus auch persönlich nahegehende Beispiele genannt.

Insgesamt wird für die Seminarteilnehmer dabei deutlich, daß Verhaltensveränderung ein Prozeß ist, der in dem Bewußtsein „Ich will etwas verändern" beginnt, dann einen individuellen Verlauf nimmt und *in der Regel* mit Rückschritten einhergeht.

Die Botschaften, die wir vermitteln, lauten deshalb:

● Veränderungen verlaufen in der Regel nicht linear.
● Rückfälle in alte Verhaltensweisen kennt jeder.
● Willenskraft allein genügt nicht für eine stabile Verhaltensänderung.
● Frühestmögliches Ansprechen des Rückfälligen verspricht den größten Erfolg.
● Besonders bei Rückfällen gilt der Grundsatz: ambulante Behandlung vor stationärer.

In bezug auf die letzte Botschaft ist in vielen Unternehmen und Verwaltungen ein korrekturbedürftiges Krankheitsverständnis vorhanden. Man denkt, der Kranke geht in die Klinik und kehrt „geheilt" an den Arbeitsplatz zurück. Dies kann dazu führen, daß Vorgesetzte bzw. Personalabteilungen bereits bei ersten Anzeichen von Rückfälligkeit den Mitarbeiter zu einer erneuten stationären Therapie drängen. Man sollte sich demgegenüber immer wieder vergegenwärtigen, daß viele Rückfälle von kurzer Dauer sind, „leicht" verlaufen und dementsprechend ambulant (mittels Suchtberatungsstelle, Selbsthilfegruppen) aufgefangen und aufgearbeitet werden können – zumindest bei *rascher* Intervention.

3.4 Der Rückfall als Bestandteil von Betriebs- und Dienstvereinbarungen

Seit etwa zehn Jahren werden vermehrt Betriebs- und Dienstvereinbarungen zwischen Arbeitgebern und Arbeitnehmervertretungen abgeschlossen. Diese haben das Ziel, allen im Betrieb mit dem Problem „Sucht" konfrontierten Personen einen verbindlichen Handlungsrahmen zu bieten. Im Mittelpunkt steht dabei die Abfolge von aufeinander abgestimmten Interventionsmaßnahmen bei Alkoholmißbrauch und -abhängigkeit (siehe z. B. Musterbetriebsvereinbarung in Rußland 1989).

Wenn man bestehende Betriebs- und Dienstvereinbarungen betrachtet, so kann man feststellen, daß der Rückfall entweder nicht erwähnt oder nur kurz und unzureichend angedeutet wird (vgl. Rußland 1989). Hier sollte sich etwas ändern!

Im Sinne unseres offensiven Vorgehens halten wir folgende Regelung für beispielhaft. Sie enthält zum Thema Rückfall die Passage:

● Bei Rückfälligkeit nach abgeschlossenem Heilverfahren bzw. nach sonstigen Hilfsmaßnahmen wird individuell, je nach Lage des Einzelfalles entschieden.

● Die Abfolge der einzelnen Maßnahmen wird an jedem Punkt unterbrochen, wenn die/der Betroffene erkennbar und belegbar ihr/sein Verhalten ändert und aktiv an ihrer/seiner Genesung mitarbeitet.

● Bei einem Rückfall innerhalb von sechs Monaten setzen die Maßnahmen an dem Punkt wieder ein, an dem sie unterbrochen wurden.

● Bei einem Rückfall nach längerer Frist wird über das erneute Vorgehen, je nach Lage des Einzelfalles, entschieden. Dabei arbeiten Betriebsarzt, Arbeitsgruppe und externe Suchtberatungsstelle zusammen. Diesen Inhalten der Betriebsvereinbarung sollte u. a. folgender Passus hinzugefügt werden:

● Bei dem Erkennen eines Rückfalles sollte sich der zuständige Vorgesetzte *unmittelbar* Unterstützung bei dem Suchtbeauftragten, der Arbeitsgruppe oder externen Suchtberatung holen.

So oder so steht fest (vgl. Beitrag Fleck, in diesem Band):

Der Rückfall an sich darf kein Entlassungsgrund sein.

Die Kündigung nach einem (ersten) Rückfall sollte nur unter drei Bedingungen erwogen werden:

a) Das Trinkverhalten des Rückfälligen wirkt sich negativ auf dessen Arbeitsleistung/Arbeitsverhalten aus;

b) trotz einer Abfolge von Gesprächen kommt es nicht zu einer Verhaltensänderung des Arbeitnehmers;

c) der Rückfällige erklärt sich nicht bereit, Maßnahmen zur Beseitigung seines Alkoholproblems einzuleiten (Teilnahme an einer Selbsthilfegruppe, Beginn einer ambulanten oder stationären Therapie).

4. Der Suchtbeauftragte

4.1 Suchtbeauftragte sitzen häufig „zwischen den Stühlen"

Suchtbeauftragte bewegen sich häufig „zwischen den Fronten". Um diesen Gedanken zu verdeutlichen, führen Sie sich das folgende Beispiel aus der betrieblichen Praxis vor Augen:

Stellen Sie sich bitte vor, es ist Freitagnachmittag. Nach einer arbeitsreichen Woche sind Sie im Begriff, in das Wochenende zu gehen. Da

kommt ein Anruf eines Abteilungsleiters, der Ihnen aufgeregt mitteilt, daß Herr X (der vor drei Monaten seine Entwöhnungsbehandlung beendet hatte) heute wieder betrunken an seinem Arbeitsplatz angetroffen worden sei. Herr X leugne seinen alkoholisierten Zustand. Er selbst wisse nicht weiter und bitte Sie, schnell vorbeizukommen.
Was „schießt" Ihnen bei einem solchen Telefongespräch durch den Kopf?
Sind es ähnliche Gedanken und Empfindungen wie die folgenden: „Auch das noch! Was mache ich jetzt? Erst einmal Zeit gewinnen. Muß das gerade jetzt passieren? Der (Vorgesetzte) setzt mich ganz schön unter Druck ..."

In einer solchen Situation Klarheit und Ruhe zu bewahren und sich nicht von der Aufregung des Vorgesetzten (wie in unserem Beispiel) anstecken zu lassen, ist schwierig. Verschiedene Dinge kommen zusammen, die verwirren können:

- die eigenen Gefühlsreaktionen,
- die eigenen Ansprüche als Fachmann (Helfer),
- die Erwartungen und Ansprüche des betrieblichen Umfeldes,
- die Sorge um den Rückfälligen,
- das Arbeitsrecht.

> **Suchtbeauftragte sind einer Vielfalt von eigenen und fremden Ansprüchen ausgesetzt.**

Einige dieser Ansprüche haben wir mit Blick auf die Rückfallthematik in Abbildung 2 dargestellt.

Nicht nur diese Vielfalt an unterschiedlichen Ansprüchen macht die Ausübung der Tätigkeit von Suchtbeauftragten an sich schwierig. Die konfliktträchtige Aufgabe des Suchtbeauftragten besteht vor allem darin, die kontroversen Ansprüche auszuhalten und Wege zu finden, mit denen sich alle mehr oder weniger einverstanden erklären können. So oder so sind Suchtbeauftragte häufig Prellbock für (überhöhte) Ansprüche und Unvereinbarkeiten. Dazu kommt das ständige Risiko, „vor den Karren" bestimmter Interessen gespannt zu werden, wenn andere Konflikte in einer Abteilung auf das Rückfallproblem „aufgesattelt" werden. Daran zeigt sich:

> **Suchtbeauftragte brauchen Supervision.**

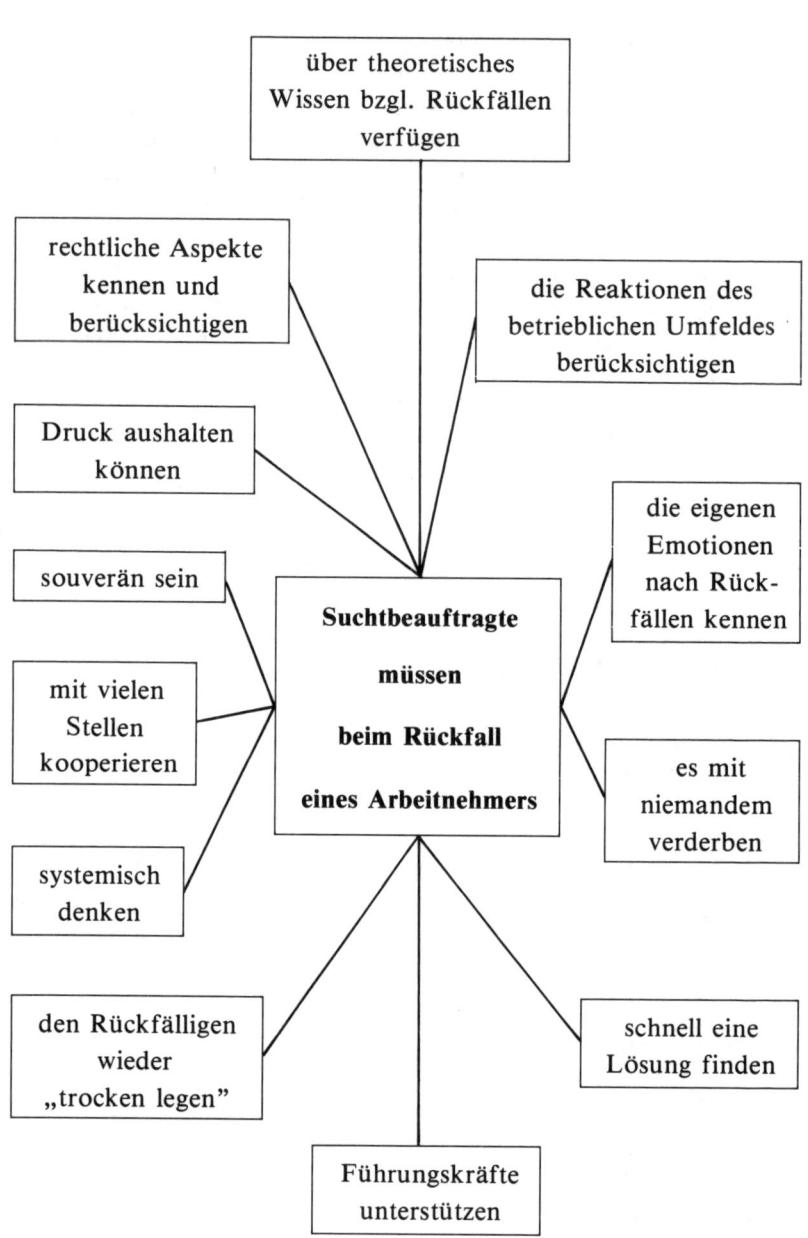

Abbildung 2: Ansprüche an Suchtbeauftragte

4.2 Die systemische Betrachtungsweise ist hilfreich

Für Suchtbeauftragte ist es von Nutzen, bei der Analyse der Entstehung, des Verlaufs und der Folgen eines Rückfalls am Arbeitsplatz systemische Gesichtspunkte im Sinne der systemischen Familientherapie zu berücksichtigen. Diese geht von der grundlegenden Frage aus, welche Veränderungen im Zusammenleben der Rückfall nach sich zieht und welche Funktionen er für alle Systemmitglieder (z.B. einer Arbeitsgruppe) besitzt. Dazu ein Beispiel:

Ein ausländischer Mitarbeiter, der schon über 20 Jahre in Deutschland lebt und seit 15 Jahren in diesem Unternehmen beschäftigt ist, sollte zum dritten Mal in stationäre Therapie „geschickt" werden. Alle Beteiligten (Abhängiger, Personalabteilung, Vorgesetzter, Mitarbeiter, Abteilungsleiter) waren sich schon einig und baten nun den Suchtbeauftragten um die Vermittlung in eine Klinik.

Der Suchtbeauftragte begann die nochmalige stationäre Therapie in Frage zu stellen und die Hintergründe des Rückfalles näher zu betrachten. Die Beteiligten reagierten mit Widerstand und setzten den Suchtbeauftragten unter Druck, endlich etwas zu unternehmen. Dieser begann auch einen Sozialbericht zu erstellen, aber sein „ungutes" Gefühl wurde immer stärker, und er brachte diesen Fall in die Supervision ein. Dort wurde herausgearbeitet, daß der Abhängige eine bestimmte Funktion in der siebenköpfigen Arbeitsgruppe hatte. Er war zuständig für Überstunden an unangenehmen Arbeitstagen (z. B. Weihnachten) und für das Säubern eines von allen gemiedenen Kessels. Dafür bekam er die Anerkennung der Kollegen und war ein vollwertiges Mitglied der Arbeitsgruppe.

Da er zuviel trank und da die Firma eine gut funktionierende Suchtberatung hatte, absolvierte er seine erste stationäre Therapie. Dort lernte er nein zu sagen und war von nun an nicht mehr bereit, unangenehme Arbeiten bzw. Arbeitszeiten zu übernehmen. Diese mußten nun unter allen Kollegen aufgeteilt werden, was sowohl für den Vorgesetzten als auch für die Kollegen unangenehm war.

Als der Kollege wieder trank, stellte sich das alte Gleichgewicht in der Arbeitsgruppe wieder her, und alle waren zufrieden. Das Trinkverhalten des Kollegen war auf Dauer jedoch nicht mehr ertragbar, so daß sich das ganze Verfahren wiederholte. Die Botschaft an den Suchtbeauftragten lautete: „Der Rückfällige soll so bleiben wie er ist, nur mit dem Trinken soll er aufhören."

Die Analyse des Beispiels legt nahe:
- daß Rückfällige in Arbeitsgruppen oftmals ganz bestimmte Funktionen einnehmen,
- daß die Arbeitsgruppe einen Einfluß auf die Entwicklung, den Verlauf und die Auswirkungen des Rückfalls ausüben kann,
- daß Arbeitsgruppen manchmal versuchen, Suchtbeauftragte „vor ihren Karren zu spannen".

Was kann der Suchtbeauftragte nun mit seinem Wissen über systemische Zusammenhänge tun?

Er sorgt nach Möglichkeit dafür, daß die gesamte Arbeitsgruppe zu einer gemeinsamen Besprechung im Sinne der „Runde-Tisch-Gespräche" (siehe 3.2) zusammenkommt. Mit Hilfe „systemischer Fragen" kann er die Beziehungsstruktur der Gruppe transparent machen.

Solche Fragen könnten sein:
- Wenn Sie die Aufgaben des Rückfälligen bewerten müßten, sind dies eher angenehme oder unangenehme Aufgaben?
- Wer übernimmt die Aufgaben des Rückfälligen, wenn dieser in Therapie ist?
- Welche Nachteile ergeben sich für Sie aus diesem Rückfall?

Die systemische Betrachtungsweise verdeutlicht dem Suchtbeauftragten:
- die Wechselwirkung zwischen den einzelnen Systemmitgliedern und den Systemteilen,
- Regeln eines Systems oder Teilsystems,
- die „Gesetze" der Macht(ausübung) in Systemen oder Teilsystemen.

> **Die systemische Betrachtungsweise hilft dem Suchtbeauftragten, das Rückfallgeschehen in seinen komplexen Auswirkungen zu verstehen. Suchtbeauftragte haben dabei zu berücksichtigen, daß sie Teil des Gesamtsystems sind.**

4.3 Das erste Gespräch mit dem rückfälligen Arbeitnehmer

Der Rückfall des Arbeitnehmers hat aus betrieblicher Sicht zwei Seiten. Zum einen ist er Bestandteil des individuellen Krankheitsgeschehens bei Alkoholismus. Zum anderen stellt er häufig in seinen Auswirkungen einen „Störfall" im Arbeitsprozeß dar. Für den betrieblichen Suchtbeauftragten heißt das, er muß beiden Gesichtspunkten Rechnung tragen.

Hierzu ist es hilfreich, darauf zu achten, wie es zum Erstgespräch mit dem Rückfälligen gekommen ist:

- Hat der Rückfällige von sich aus um das Gespräch gebeten? Läßt er bei der Terminabsprache erkennen, daß er zu diesem Gespräch veranlaßt wurde?
- Hat sein Vorgesetzter, die Personalstelle oder der Personalvertreter angerufen, um das Gespräch zu veranlassen? Von welchen Auffälligkeiten, vor allem Auswirkungen auf das Arbeitsverhältnis, wurde berichtet?
- Haben Sie selbst zum Gespräch gebeten, weil Ihnen Verhaltensänderungen aufgefallen sind?
- Wurden bei dem Anruf z. B. vom Vorgesetzten Erwartungen an Sie oder an den Rückfälligen geäußert? Was wurde betrieblicherseits bereits unternommen und mit welchem Erfolg?
- Handelt es sich um ein Nachsorgegespräch, bei dem der Arbeitnehmer „mit der Sprache herausrückt"?
- Kannten Sie den Rückfälligen bisher noch nicht, haben Sie noch keinerlei Kenntnisse von seiner Suchtvorgeschichte?

Von diesen Umständen wird es abhängen, wie offen und zugänglich sich der Rückfällige verhält und welche weiteren Maßnahmen (z. B. Beratung des Rückfälligen, „Runde-Tisch-Gespräche") erforderlich werden. Zudem hängen auch Ihre persönlichen Erwartungen, Einstellungen und Gefühlsreaktionen von diesen Umständen ab.

4.3.1 Die Haltung des Suchtbeauftragten. Wie wir gezeigt haben (vgl. 3.1), kann es auch bei Suchtbeauftragten zu emotionalen Reaktionen beim Rückfall eines Arbeitnehmers kommen. Nun halten wir es für wichtig, diese nicht negativ zu bewerten und als „nicht fachmännisch" zu unterdrücken, sondern sie in hilfreicher Weise als „Instrument" zu nutzen, um
a) das Verhalten des Rückfälligen zu verstehen,
b) die möglichen Reaktionen des betrieblichen Umfeldes einzuschätzen bzw. zu verstehen.

> **Achten Sie darauf, welche Empfindungen der Rückfällige und die Reaktionen des betrieblichen Umfeldes bei Ihnen auslösen.**

Sie können davon ausgehen, daß der Rückfällige Schuld- und Schamgefühle hat. Möglicherweise bewertet er seinen Rückfall als persönliches Versagen, als Katastrophe, vielleicht sucht er unbewußt nach Kontrolle und Bestrafung, erlebt sich in einer ausweglosen Situation. Ihre Grundhaltung gegenüber dem Rückfälligen sollte lauten: Rückfälle sind verstehbar, sie haben einen Hintergrund. Machen Sie ihm deutlich, daß sein Rückfall als Chance zur persönlichen Weiterentwicklung gesehen und genutzt werden kann. Dazu ist es wichtig, seine Bereitschaft zu betonen, sich selbstkritisch mit der Frage auseinanderzusetzen, wie es zum Rückfall gekommen ist.

Die therapeutische Aufarbeitung des Rückfalles sollte auf jeden Fall außerhalb des Betriebes stattfinden. Hier bieten sich an: Selbsthilfegruppen, externe Suchtberatungsstellen oder niedergelassene Psychologen. In einer Suchtberatungsstelle kann auch geklärt werden, ob eine weiterführende Behandlung erforderlich ist.

4.3.2 Was kann mit dem Rückfälligen geklärt werden? Auch hier gibt es einige grundlegende Fragen, die Sie mit dem Rückfälligen besprechen können:

- Seit wann trinkt er wieder und wie häufig?
- Was hat er bisher dagegen unternommen und mit welchem Erfolg?
- Wie ist es zu seinem Rückfall gekommen? Hat er eine Erklärung dafür?
- Wer weiß von seinem Rückfall? Wie haben diese Personen reagiert?
- Gibt es Auswirkungen auf seinen Arbeitsplatz, auf seine Familie, seine Partnerschaft?
- Weshalb kommt er zu diesem Zeitpunkt, was war der unmittelbare Anlaß für das Gespräch?
- Was erwartet er von dem Gespräch? Welche Unterstützung möchte er von Ihnen?
- Gibt es Belastungen am Arbeitsplatz, die er nicht bewältigen kann: „Trinkverführungen" durch die Kollegen; Arbeitssituationen (Kundengespräche, Feiern usw.); allgemeine Überforderung durch die Arbeitsaufgaben; Konflikte am Arbeitsplatz?
- Ist ein gemeinsames Gespräch mit dem Vorgesetzten, der Personalvertretung, den Kollegen usw. erforderlich?

Dies sind einige Möglichkeiten, sich ein Bild von der Schwere und dem Verlauf des Rückfalls, von den Behandlungsnotwendigkeiten und den möglichen Auswirkungen auf das Arbeitsverhältnis zu machen.

5. Prävention

5.1 Das Arbeitsplatzgespräch als Rückfallprävention

Über Wiedereingliederung wird viel gesprochen. Allerdings wird diesem Aspekt in der Praxis zu wenig Beachtung geschenkt. Häufig ist man froh, daß der Kollege wieder „gesund" aus der Therapie zurück ist.

Ein besserer Weg ist der, den heute schon einige Vorgesetzte oder Personalvertreter einschlagen: Sie suchen den Kollegen während der Therapie in die Klinik zu einem Gespräch auf, an dem zeitweise auch der zuständige Therapeut teilnimmt. Inhalt dieses Gesprächs sind Arbeitsplatzerhaltung oder -wechsel, Schuldensituation, betriebliche Veränderungen (z. B. Alkoholkonsum der Arbeitsgruppe) usw.

Zu wenig Bedeutung wird bisher Arbeitsplatzgesprächen nach Rückkehr des Alkoholabhängigen beigemessen. Es hat sich immer wieder gezeigt, daß es zu erheblichen Schwierigkeiten bei der Arbeitsaufnahme nach einer stationären Therapie kommen kann. Teilweise gehen die Heimlichkeiten nach dem Motto „jeder weiß, wo der Kollege gewesen ist, aber keiner spricht mit ihm darüber" weiter. Häufig ist noch viel Ärger aus der „Saufzeit" vorhanden und es gibt keine Möglichkeit, ihn loszuwerden. Einige Kollegen reagieren ungefragt überfürsorglich. Oder die Arbeitsgruppe möchte den Alkoholabhängigen eigentlich nicht mehr aufnehmen und handelt nach dem Motto: „Der hat uns schon immer belogen, und das wird er auch weiterhin tun." In einigen Betrieben hört man den Ausspruch: „Wenn du hier was werden willst, dann mußt du erst mal saufen", d. h. der Gruppendruck zum Mittrinken ist hoch.

Für alle diese Gefühle, Enttäuschungen, Ärger, Fürsorge ... ist ein Forum im Betrieb erforderlich, um diese Gedanken und Gefühle zu artikulieren:

Ein Arbeitsplatzgespräch ist wichtig.

Das Angebot zu einem Arbeitsplatzgespräch sollte in Dienst- und Betriebsvereinbarungen festgeschrieben werden.

Am sinnvollsten findet ein solches Gespräch vor Wiederaufnahme der Arbeit statt. Eine mögliche Vorgehensweise könnte wie folgt aussehen:

1. Zunächst wird ein gemeinsames Gespräch zwischen dem Suchtbeauftragten, dem Betroffenen, dem Vorgesetzten und dem Personalvertreter durchgeführt.

2. Anschließend wird ein weiteres Gespräch mit dem Betroffenen und seinen unmittelbaren Arbeitskollegen unter der Moderation des Suchtbeauftragten anberaumt.

Es hat sich bewährt, zwei Gesprächsschritte zu vollziehen, da unterschiedliche Themen angesprochen werden müssen. Im ersten Gespräch kann es um arbeitsorganisatorische Maßnahmen (z. B. Resturlaub, Arbeitsbelastung, Arbeitsplatzveränderungen), um das Verhältnis zwischen Vorgesetztem und Betroffenem u. a. m. gehen. Im Gespräch mit den Kollegen können z. B. der noch vorhandene Ärger aus der „Saufzeit" und gegenseitige Erwartungen an die zukünftige Zusammenarbeit im Vordergrund stehen.

In beiden Gesprächen sollten auch Fragen zur Abstinenz und deren möglicher Verletzung besprochen werden. Im einzelnen können dies sein:
● vorhandene Trinksitten und -anlässe im Betrieb;
● Verhalten bei Betriebsfeiern wie z.b. bei Geburtstagen;
● mögliche Reaktionen bei Verdacht auf Rückfall.

Bei dem letzten Punkt empfehlen wir, den rückfälligen Mitarbeiter *direkt* anzusprechen.

In der Praxis hat sich gezeigt, daß sowohl die Vorgesetzten sich offener verhalten, wenn die übrigen Mitarbeiter beim Gespräch nicht anwesend sind, wie umgekehrt sich auch die Mitarbeiter bei Abwesenheit des Chefs freimütiger äußern.

Zur Notwendigkeit eines Arbeitsplatzgespräches ein Beispiel:

Herr F., ein introvertierter und schüchterner Mitarbeiter, erlebte nach einer stationären Entwöhnungsbehandlung folgendes an seinem Arbeitsplatz: Die Arbeitsgruppe bestand aus sechs Mitarbeitern und Vorgesetztem. Sie kannten sich alle schon sehr lange und hatten auch private Kontakte. Als nun Herr F. zurückkehrte, sprach keiner mit ihm über dessen stationäre Therapie, sondern alle taten so, als wäre nichts gewesen. Bei den reichlich vorhandenen Trinkanlässen wurde Herrn F. stets ungefragt ein Mineralwasser hingestellt. Meist war dies dann auch Anlaß für Bemerkungen wie „unser Gesundheitsapostel" u. a. m.

Ihm wurde dadurch ständig sein „Anderssein" vor Augen geführt, ohne daß offen miteinander gesprochen wurde. Sein labiles Selbstwertgefühl geriet ins Schwanken. Er wurde rückfällig.

5.2 Aktives Betreuen in den ersten Monaten ist sinnvoll

Da sich die meisten Erstrückfälle in den ersten sechs Monaten nach Ende einer Behandlung ereignen (vgl. Beitrag Körkel, in diesem Band, Kapitel I), erscheint uns in dieser Zeit ein aktives Kontakthalten des Suchtbeauftragten mit dem Arbeitnehmer besonders wichtig.

Das Kontakthalten sollte als eigener Passus in das Konzept der Interventionskette aufgenommen werden, um dem Abhängigen schon zu Beginn seiner Therapie deutlich zu machen, daß in den ersten sechs Monaten nach der Therapie der Kontakt zum betrieblichen Suchtbeauftragten zu seinem Genesungsprozeß gehört.

Die Häufigkeit dieser Gesprächskontakte orientiert sich nach den Erfordernissen des Einzelfalles.

Inhaltlich können diese Gespräche sehr unterschiedlich gestaltet werden. Die Rückfallgefährdung könnte dabei z. B. mit folgenden Fragen thematisiert werden:

● Welche Umstände am Arbeitsplatz (in der Arbeitsgruppe) könnten dazu führen, daß Sie erneut Alkohol zu sich nehmen?

● Für wie gefährdet schätzen Sie sich zur Zeit ein?

● Was würden Sie tun, wenn Sie rückfällig wären?

● In welcher Weise könnte ich (als Suchtbeauftragter) Sie nach einem Rückfall unterstützen?

● Was würde sich in Ihrer Arbeitsgruppe ändern, wenn Sie rückfällig würden?

Darüber hinaus ist es von großer Bedeutung, daß Sie den Mitarbeiter auf bedrückte Stimmungslagen, Unruhe, Gereiztheit, Leeregefühle, Nervosität, Stimmungsschwankungen, ganz allgemein: auf Hochs und Tiefs ansprechen. In derartigen, als unangenehm erlebten Stimmungslagen wird am häufigsten erneut zum Alkohol gegriffen!

6. Resümee

In vielen Organisationen herrscht noch so gut wie keine Problemsicht im Hinblick auf den Alkoholmißbrauch am Arbeitsplatz. So kann es nicht wundern, daß dort die Auseinandersetzung um das Thema des Rückfalls noch gar nicht recht begonnen hat. Eine Vermeidung dieser Thematik bringt jedoch eine ganze Reihe von unangenehmen Folgen mit sich: das „Übersehen" oder „Decken" von Rückfällen – und naheliegenderweise dann das „Auswuchern" von Rückfällen; persönliche Enttäuschungen (z. B. bei Vorgesetzten); Überreaktionen in Form einer unmittelbaren Kündigung des Arbeitnehmers u. a. m.

Ein angemessener Umgang mit Rückfällen setzt voraus, daß die betrieblichen Suchtbeauftragten selbst eine klare Haltung dazu einnehmen und das Thema z. B. in Schulungen oder Arbeitsplatzgesprächen offensiv angehen. Ziel sollte es sein, im betrieblichen Umfeld ein Problembewußtsein bzgl. Rückfälligkeit aufzubauen, Vorsorgemaßnahmen gegen Rückfälle einzuleiten (z. B. Nachsorgegespräche mit dem Alkoholabhängigen nach seiner Therapie) und bei eingetretener Rückfälligkeit besonnen und erst nach genauer Analyse des Rückfalls und seiner Auswirkungen zu handeln. Patentrezepte dazu gibt es nicht, aber eine ganze Reihe bewährter Gesichtspunkte, die zu berücksichtigen sind. Wir hoffen, daß wir Ihnen einige davon vermitteln konnten.

7. Literaturverzeichnis

Dittmann, E., und Körkel, J. (1989). Rückfall - (k)ein Thema für den Arbeitsplatz? In: Deutsche Hauptstelle gegen die Suchtgefahren (Hrsg.), Suchtprobleme am Arbeitsplatz, S. 570-580. Hamm: Hoheneck.

Krefter, H. (1987). Alkoholkranke im Betrieb. Arbeitsmedizin, Sozialmedizin, Präventivmedizin, 22, 142 - 144.

Rennert, M. (1991). Rückfall – Alptraum für die Anghörigen. In: J. Körkel (Hrsg.), Rückfall muß keine Katastrophe sein. Ein Leitfaden für Abhängige und Angehörige. Wuppertal und Bern: Blaukreuz.

Rußland, R. (1989). Suchtverhalten und Arbeitswelt. Frankfurt: Fischer.

Rußland, R. (1989). Sucht - Dokumentation. Düsseldorf: Wirtschafts- und Sozialwissenschaftliches Institut des DGB.

III.2 Arbeits- und disziplinarrechtliche Aspekte des Rückfalls

Jürgen Fleck

Inhaltsübersicht

1. Alkoholismus als Krankheit

Es ist noch nicht so lange selbstverständlich, daß Alkoholismus in der Rechtsprechung als Krankheit angesehen wird. Erstmals im Juni 1968 hat das *Bundessozialgericht* entschieden, daß Trunksucht nicht erst im fortgeschrittenen Grade als Krankheit anzusehen sei. Nach der Rechtsprechung des Bundessozialgerichts ist die Sucht ein regelwidriger Körper- oder Geisteszustand, der sich im Verlust der Selbstkontrolle und im „Nicht-mehr-aufhören-Können" äußert. [1] Dieser Auffassung sind auch inzwischen die *Arbeitsgerichte*, insbesondere das Bundesarbeitsgericht gefolgt.

---

[1] Entscheidungen des Bundessozialgerichts 28, S. 114

113

2. Alkoholismus und Lohnfortzahlung

Die Bedeutung der Anerkennung des Alkoholismus als eine Krankheit zeigte sich zuerst im Bereich der Lohnfortzahlung. Ein Anspruch auf Lohnfortzahlung für einen begrenzten Zeitraum - nach dem Lohnfortzahlungsgesetz bis zur Dauer von sechs Wochen - besteht dann, wenn der Arbeitnehmer infolge Krankheit an seiner Arbeitsleistung verhindert ist, ohne daß ihn ein Verschulden trifft.

Das Bundesarbeitsgericht hatte hierzu erstmals in einem Urteil vom Dezember 1972 festgestellt, daß Trunksucht und deren Folgen nach der Lebenserfahrung, jedenfalls in aller Regel, selbstverschuldet seien. [2] Die Kenntnisse des Bundesarbeitsgerichts gipfelten in der Feststellung, bei Beginn der Trinkerei „weiß heute der verständige Mensch, daß übermäßiger Alkoholgenuß zur Trunksucht führen kann". Diesen vermeintlichen Lebenserfahrungssatz, der schon seinerzeit durch die medizinischen Forschungsergebnisse nicht zu halten war, hat das Bundesarbeitsgericht inzwischen aufgegeben und in der Entscheidung zur Lohnfortzahlung vom 1.6.1983 ausdrücklich festgestellt, daß Alkoholabhängigkeit eine Krankheit ist wie jede andere Krankheit auch. [3] Das bedeutet: Ist ein Arbeitnehmer aufgrund seiner Alkoholabhängigkeit erkrankt, muß der Arbeitgeber wie bei anderen Erkrankungen Lohnfortzahlung gewähren. Um es am Beispiel zu verdeutlichen:

Der Bauarbeiter K. hat zunächst nur alkoholische Getränke in dem in der Gesellschaft üblichen Maße zu sich genommen. Schließlich steigerte sich sein Alkoholkonsum, und er trank nicht nur das übliche „Pausenbier", sondern war mehrfach auf der Baustelle betrunken. Hinzu kamen im Umgang mit seinen Kollegen Schwierigkeiten, die er durch weiteren Alkoholkonsum zu „lösen" versuchte. Nachdem ihn sein Vorgesetzter mehrfach aufgefordert hatte, nicht so viel zu trinken, unterzog er sich einer stationären Entwöhnungsbehandlung für die Dauer von sechs Wochen. Für diese Zeit hat er Anspruch auf Lohnfortzahlung.

---

[2] Arbeitsrechtliche Praxis, Nachschlagewerk des Bundesarbeitsgerichtes Nr. 26 zu § 1 LFZG; Der Betrieb 1973, S. 579; Neue Juristische Wochenschrift 1973, S. 1430

[3] Entscheidungen des Bundesarbeitsgerichts 43, S. 54; Der Betrieb 1983, S. 2420; Neue Juristische Wochenschrift 1983, S. 2659

3. Rückfall und Lohnfortzahlung

Mit der Frage des Verschuldens bei einem Rückfall hatte sich das Bundesarbeitsgericht zunächst nicht beschäftigt. Das Gericht hat jedoch ausdrücklich darauf hingewiesen, daß das Verschulden eines Arbeitnehmers, der sich bereits einer intensiven stationären Entwöhnungsbehandlung unterzogen hatte, anders zu beurteilen sein könne, als das Verschulden eines Arbeitnehmers vor Eintritt der Alkoholabhängigkeit.

In zwei weiteren Entscheidungen vom November 1987 und in einer weiteren Entscheidung vom Mai 1988 stellte das Bundesarbeitsgericht dann fest, daß ein Arbeitnehmer, der eine Entwöhnungskur durchgemacht habe, die Gefahren des Alkohols für sich sehr genau kenne. Wenn er nach längerer Abstinenz wieder rückfällig werde, spreche die Lebenserfahrung dafür, daß er den Rückfall selbst verschuldet habe. [4] Insofern hat sich gegenüber der ursprünglichen Entscheidung von 1972 nichts geändert außer der Tatsache, daß das Bundesarbeitsgericht die Maßstäbe, die es zunächst für das Entstehen der Krankheit anlegte, jetzt auf den Rückfall bezieht. Um dies am Beispielsfall fortzusetzen:

Nach der Behandlung kehrte K. an seinen Arbeitsplatz zurück und war fünf Monate abstinent. Dann begann er wieder zu trinken und unterzog sich einer erneuten Entwöhnungsbehandlung.

Hier besteht nach der Rechtsprechung des Bundesarbeitsgerichts der Erfahrungssatz für ein schuldhaftes Handeln im Sinne des Lohnfortzahlungsrechts. Es ist dann *Sache des Arbeitnehmers*, die Beweisführung des Arbeitgebers zu widerlegen und im einzelnen darzulegen, aus welchen Gründen sein Verhalten als nicht schuldhaft anzusehen sei. Gelingt ihm dies nicht, hat er keinen Anspruch auf Lohnfortzahlung.

Noch komplexer wird die Situation, wenn es um kündigungsrechtlich relevantes Verhalten geht.

4. Alkoholismus als Kündigungsgrund

Es sei zunächst allgemein klargestellt, daß eine Kündigung nur dann der Begründung bedarf, wenn das Kündigungsschutzgesetz Anwendung findet. Dies ist der Fall, wenn es sich um Betriebe von mehr als fünf Arbeit-

---

[4] Bundesarbeitsgericht Urteil vom 11.11.1987 – 5 AZR 497/85; Der Betrieb 88, S. 402; Betriebsberater 88, S. 407; Neue Juristische Wochenschrift 88, S. 1546; Urteil vom 11.11.1987 – 5 AZR 306/86; Urteil vom 11.5.1988 – 5 AZR 445/87 –

nehmern handelt und der Arbeitnehmer länger als sechs Monate im Betrieb beschäftigt ist. In der Vielzahl der Arbeitsverhältnisse ist hiervon auszugehen, so daß sich die nachfolgenden Ausführungen auf diesen Gesichtspunkt beziehen.

Eine Kündigung ist nach den Bestimmungen des Kündigungsschutzgesetzes dann sozial gerechtfertigt, wenn u. a. ein Kündigungsgrund in der *Person* oder in dem *Verhalten* des Arbeitnehmers vorliegt.

Zu den *verhaltensbedingten Kündigungsgründen* gehören vor allem Arbeitspflichtverletzungen, dienstliches oder außerdienstliches Fehlverhalten und auch sonstige Umstände aus dem Verhältnis des Arbeitnehmers zu betrieblichen und überbetrieblichen Einrichtungen und Organisationen. Verhaltensbedingte Kündigungsgründe liegen z. B. vor, wenn ein Arbeitnehmer gegen ein betriebliches Alkoholverbot verstößt, wenn er den Betriebsablauf durch wiederholte Verspätungen oder eigenmächtige Freizeitnahmen stört, Vorgesetzte oder Mitarbeiter beleidigt, unerlaubte Nebentätigkeiten ausübt, entgegen einem Verbot des Arbeitgebers Schmiergelder oder Geschenke annimmt usw. Aus dem außerdienstlichen Fehlverhalten kann ein Kündigungsgrund berechtigt sein, wenn der Arbeitnehmer Straftaten begeht, die sich auf das Arbeitsverhältnis und die betrieblichen Interessen auswirken, beispielsweise wenn ein Kraftfahrer bei einer Freizeitfahrt aufgrund seines alkoholisierten Zustandes seine Fahrerlaubnis verliert.

Personenbedingte Kündigungsgründe sind solche, die auf den persönlichen Eigenschaften und Fähigkeiten des Arbeitnehmers beruhen. Hierzu zählen vor allem mangelnde körperliche oder geistige Eignung, sämtliche Erkrankungen, die die Leistungsfähigkeit des Arbeitnehmers erheblich herabsetzen. Oftmals ist es äußerst schwierig, die Grenze zwischen personen- und verhaltensbedingten Kündigungsgründen zu ziehen, insbesondere im Bereich der Alkoholkrankheit. Hier ist vor allem die Abgrenzung zwischen Alkoholmißbrauch und Alkoholabhängigkeit hervorzuheben. Um auch dies am Beispiel zu verdeutlichen:

Der Arbeitnehmer M. verstößt wiederholt gegen das im Betrieb bestehende absolute Alkoholverbot und wird deswegen von seinem Arbeitgeber abgemahnt. Er ist zwar ärgerlich, daß er nun auf sein Mittagsbier verzichten muß, hat aber keinerlei Probleme, mit dem Trinken aufzuhören, insbesondere hat er keinerlei Entzugserscheinungen.

Verstößt er erneut gegen das Alkoholverbot, weil er dessen Sinn nicht einsieht oder bewußt hiergegen „protestieren" will, ist eine Kündigung aus *verhaltensbedingten Gründen* – nach Abmahnung – gerechtfertigt.

Anders verhält es sich im Fall des Arbeitnehmers L. Dieser ist so-

116

genannter Spiegeltrinker. Trotz des bestehenden absoluten Alkoholver-
bots trinkt er während der Arbeitszeit seinen „Flachmann" auf der Toi-
lette. Er benötigt den Alkohol, um überhaupt arbeitsfähig zu sein. Das
Trinken ist Merkmal seiner Krankheit und damit personenbedingt.

4.1 Verhaltensbedingte Kündigung

Eine verhaltensbedingte Kündigung kann ausgesprochen werden, wenn
ein Arbeitnehmer *schuldhaft* gegen Verpflichtungen verstößt. Ein solches
Verschulden kann aufgrund der Alkoholkrankheit ausgeschlossen sein.
Hierzu hat das Bundesarbeitsgericht in erfreulicher Klarheit mit seinem
Urteil vom 9.4.1987 festgestellt, daß eine verhaltensbedingte Kündigung
wegen Pflichtverletzungen, die auf Alkoholabhängigkeit beruhen, in der
Regel schon mangels Verschuldens des Arbeitnehmers sozialwidrig ist. [5]
  Spielt für das pflichtwidrige Verhalten des Arbeitnehmers der Alkoholismus allerdings keine Rolle, kann eine Verhaltenskündigung auch dann
erfolgen, wenn der Arbeitnehmer Alkoholiker ist. Um auch dies am Beispiel zu verdeutlichen:
  Stiehlt ein Arbeitnehmer, obwohl er alkoholisch keineswegs so beein-
flußt ist, daß sein Verschulden ausgeschlossen wäre, begründet dies eine
verhaltensbedingte Kündigung. Stiehlt er dagegen Alkohol, weil er den
„Stoff" benötigt, wäre sein Verhalten in der Krankheit begründet und
„in der Regel" wohl nicht schuldhaft.

4.2 Personen- oder krankheitsbedingte Kündigung

Eine personen- oder krankheitsbedingte Kündigung kann erfolgen, wenn
drei Voraussetzungen erfüllt sind:
  Zum einen kann eine negative Prognose hinsichtlich des voraussicht-
lich weiteren Gesundheitszustandes gestellt werden. Zum zweiten führen
die entstandenen und vorhergesagten Fehlzeiten zu einer erheblichen
Beeinträchtigung der betrieblichen Interessen. Zum dritten kommt eine
Interessenabwägung zu der Folgerung, daß die erheblichen Beeinträchtigungen der betrieblichen Interessen zu einer unzumutbaren Belastung
des Betriebes führen. Allenfalls im Rahmen dieser Interessenabwägung
spielt das Verschulden eine Rolle, ansonsten kommt es hierauf nicht an.
Unter diesen strengen Gesichtspunkten der krankheitsbedingten Kündigung ist auch die Alkoholkrankheit zu beurteilen.

---

[5] Betriebsberater 1987, S. 1815

5. Rückfall als Kündigungsgrund

Wie es aus der Tendenz bei der Lohnfortzahlung schon zu befürchten war, werden die Grundsätze der krankheitsbedingten Kündigung bei Alkoholismus vom Bundesarbeitsgericht bei einem Rückfall nicht angewendet. Das Bundesarbeitsgericht hat hierzu in einer Entscheidung vom 7.12.1989 festgestellt, daß ein Arbeitnehmer, der eine stationäre Entwöhnungsbehandlung („Entziehungskur") durchgemacht habe, die Gefahren des Alkohols für sich sehr genau kenne. Werde er nach erfolgreicher Beendigung einer Entwöhnungsbehandlung nach längerer Zeit wieder rückfällig, spreche die Lebenserfahrung dafür, daß er die „ihm erteilten Ratschläge mißachtet und sich wieder dem Alkohol zugewendet und damit schuldhaft gehandelt hat". [6] Eine Kündigung ist damit rechtlich durchsetzbar.

6. Rückfall im Disziplinarrecht

Anders als im Arbeitsrecht wird im Beamtenverhältnis eine Verpflichtung zur Gesunderhaltung angenommen. So hat das Bundesverwaltungsgericht in einer Entscheidung vom 9.1.1980 eine Verpflichtung des Beamten festgestellt, seine Arbeitskraft nicht nur zu erhalten, sondern beschränkte oder verlorene Arbeitskraft bestmöglich wiederherzustellen. Der Beamte hätte versuchen müssen, sich von seiner Sucht zu lösen. Es sei ihm vorzuwerfen, daß er einige Zeit nach Durchführung der ersten Entziehungskur wieder zum Alkoholkonsum zurückkehrte trotz Erkenntnis der Gefährlichkeit eines Rückfalls für seine berufliche Existenz und „obwohl er durch die Kur die Erkenntnis gewonnen haben mußte, daß der Griff zum ersten Glas den Rückfall einleiten würde". [7]

In einer neueren Entscheidung vom 4.7.1990 hat das Bundesverwaltungsgericht jedoch festgestellt, daß ein Beamter dienstrechtlich nicht allgemein verpflichtet sei, frei von Alkohol- oder sonstiger Abhängigkeit zu sein. Alkoholsucht als solche sei vielmehr disziplinar grundsätzlich nicht relevant. Das ändere sich erst, wenn die Abhängigkeit Folgen zeitige, die in den dienstlichen Lebensbereich hineinreichen. Dies gelte auch für die Zeit nach einer Entziehungskur. Auch hier sei es Sache des

---

[6] 2 AZR 134 / 89
[7] Neue Juristische Wochenschrift 1980, S. 1347; Die öffentliche Verwaltung, Zeitschrift 1980, S. 380

Beamten, ob er sich an die ihm während der Entziehungsbehandlung zuteil gewordenen Lehren und Ermahnungen halte, oder ob er das Risiko auf sich nehme, den Versuch kontrollierten Alkoholtrinkens zu machen und vom gefahrenträchtigen ersten Glas Alkohol nicht zu lassen. [8] Damit wird auch zum Ausdruck gebracht, daß ein „Ausrutscher" kein Rückfall im Sinne des Disziplinarrechts sei. Ein solcher Rückfall könne nur angenommen werden, wenn es zu massiven und in den dienstlichen Bereich hineinreichenden Alkoholexzessen komme.

7. Rückfall in Betriebsvereinbarungen

Inzwischen gibt es in einer Reihe von Betrieben unterschiedliche Betriebsvereinbarungen. Gegenstand dieser Vereinbarungen sind in der Regel Grundsätze gegen Mißbrauch von Suchtmitteln und die Hilfe für Suchtkranke (Beispiel: Betriebsvereinbarung der IG Metall vom 2.9.1988). [9] Überwiegend enthalten diese Betriebsvereinbarungen sogenannte Stufenprogramme.

Danach ist zunächst ein erstes Gespräch zu führen, wenn der Eindruck entsteht, daß ein Mitarbeiter alkohol- oder suchtgefährdet ist. Ergeben sich hieraus noch keine Konsequenzen, wird ein weiteres Gespräch geführt, das dokumentiert wird. Daneben können ggf. Auflagen, wie beispielsweise ein Alkoholverbot, erfolgen. Werden danach auferlegte Verpflichtungen nicht erfüllt, erfolgt ein Disziplinargespräch, in dem bereits Disziplinarmaßnahmen ausgesprochen werden können. Erfüllt der Betroffene auch die ihm hier auferlegten Verpflichtungen nicht, erfolgt ein weiteres Gespräch, mit dem Sanktionen wie Gehalts-/bzw. Lohn-Herabgruppierungen erfolgen können. Lehnt der Betroffene schließlich die Auflagen des Hilfsangebotes ab und tritt ein nochmaliger „akuter Fall" ein, kann die Entlassung ausgesprochen werden. [10]

Soweit in den Betriebsvereinbarungen der Rückfall direkt angesprochen ist, sind recht unterschiedliche Regelungen vereinbart, teilweise sogar, daß der Rückfall zur Kündigung führt, teilweise wird auf die Stufen „zurückverwiesen". Aber auch sehr individuelle Regelungen sind enthal-

---

[8] Bundesverwaltungsgericht 1 D 23.89 – soweit ersichtlich, nicht veröffentlicht
[9] Vgl. *Rußland, R. (1989)*. Sucht-Dokumentation über Betriebs- und Dienstvereinbarungen. In: Arbeitspapiere Nr. 32, Wirtschafts- und Sozialwissenschaftliches Institut des DGB, Juni 1989. S. 10 ff.
[10] wie Fußnote [9], S. 21 ff.

ten. So heißt es z. B. in einer Betriebsvereinbarung: „Bei Rückfälligkeit nach Rückkehr aus der Entziehungskur bzw. nach sonstigen Hilfsmaßnahmen erfolgt in Abstimmung mit dem Vorgesetzten und der Sozialberatung durch die Personalabteilung eine Entscheidung nach Lage des Einzelfalles." [11)]

8. Aufhebungsvereinbarung

Vielfach wird von betrieblicher Seite der Rückfall dazu genutzt, mit dem betroffenen Arbeitnehmer einen sogenannten Aufhebungsvertrag zu schließen. Es ist zu befürchten, daß sich diese Tendenz aufgrund der jüngsten Entscheidung des Bundesarbeitsgerichts zur Kündigung beim Rückfall verstärkt.

Nach dieser Rechtsprechung geht es bei einem Rückfall in den Alkoholmißbrauch nicht mehr allein darum, ob der Arbeitnehmer die Entstehung seiner Alkoholabhängigkeit verschuldet hat oder nicht, sondern nunmehr vor allem darum, ob er sich ein Verschulden an der wiederholten Erkrankung entgegenhalten lassen muß. Für ein Verschulden spricht bei einem Rückfall nach dieser Entscheidung die Lebenserfahrung, so daß nicht nur der Rückfall ein *verhaltens*bedingter Kündigungsgrund sein kann, sondern auch das Verschulden hieran gewissermaßen vermutet wird. Es ist dann Sache des Arbeitnehmers darzulegen und zu beweisen, daß der Rückfall nicht verschuldet war. Beherrscht von Schuld und Scham wird der Betroffene eher dazu neigen, einer „einvernehmlichen" Aufhebung zuzustimmen, als gegen eine Kündigung die Kündigungsschutzklage zu erheben, denn in dem dann folgenden Kündigungsschutzverfahren müßte er sein mangelndes Verschulden darlegen.

9. Suchtbeauftragter, Suchthelfer – Schweigerecht, Schweigepflicht

9.1 So vielfältig, wie sich betriebliche Sozialarbeit durch Suchtbeauftragte oder Suchthelfer – teilweise auch als Suchtkrankenhelfer bezeichnet – darstellt, so ungeklärt ist deren Rechtsstellung. Die Aufgaben und Funktionen sollen in Kürze umrissen werden:

Ein *Suchtbeauftragter* existiert in der Regel in größeren Unternehmen.

[11)] wie Fußnote [9)], S. 145 u. S. 24

Zu seinen Aufgaben gehören Aufklärungsarbeit, Öffentlichkeitsarbeit, Kontakte mit Behörden und Kostenträgern, Organisation und Durchführung von Schulungen, Beratung betrieblicher Stellen und anderes mehr. Er ist Ansprechpartner für alle Personen im Betrieb, Geschäftsleitung, direkte Vorgesetzte, Betroffene und deren Kollegen. So gesehen sitzt er oft „zwischen den Stühlen" (vgl. Beitrag Dittmann und Möser, in diesem Band).

Die Aufgaben des *Suchthelfers* liegen dagegen vor allem im Verkehr mit den Betroffenen, Gesprächen mit ihnen und ihrem Umfeld, und in der Leitung (soweit vorhanden) betrieblicher Selbsthilfegruppen. In der Regel ist der Suchthelfer nebenamtlich tätig, wobei der Hinweis gestattet sein darf, daß die Bezeichnung „ehrenamtlich", die oft in der Praxis verwandt wird, insofern fehl am Platz ist, als durchaus Arbeitszeit für die Wahrnehmung der Aufgaben verwandt wird und somit mindestens mittelbar eine Vergütung erfolgt.

Eine Institutionalisierung beider Gruppen gibt es bisher nicht. Um es ganz klar zu sagen: Es existiert keinerlei gesetzliche Regelung. Es besteht auch kein Anspruch auf Errichtung dieser Institutionen im Betrieb oder Unternehmen, weder von Mitarbeitern noch vom Betriebsrat. Der Betriebsrat hat allerdings die Möglichkeit, eine Initiative zur Errichtung derartiger Sozialeinrichtungen zu ergreifen und den Arbeitgeber zum Abschluß einer Betriebsvereinbarung zu bewegen. [12)]

Die Rechtsgrundlage für Suchtbeauftragte oder Suchthelfer kann somit in einer Betriebs- oder Dienstvereinbarung bestehen oder aber auch in Form einer „Selbstbindung" des Arbeitgebers. Es ist hier nicht der Raum, auf alle Einzelheiten derartiger Regelungen einzugehen. In jedem Fall sollte aber eine Bestimmung über das Schweigerecht und die Schweigepflicht der Suchtbeauftragten oder Suchthelfer im Betrieb bestehen, denn ohne eine solche Regelung ist betriebliche Suchtkrankenhilfe sinnlos. Ohne Geheimnisschutz wird sich ein betroffener Arbeitnehmer in aller Regel nicht offenbaren. Die Ehrlichkeit sich selbst und anderen gegenüber ist jedoch nach heutigem Erkenntnisstand der erste Schritt zur Genesung. Insofern sollte auch eine fachliche Weisungsfreiheit der Suchtbeauftragten oder Suchthelfer statuiert werden.

[12)] *Gitter, W. (1989).* Hilfe für Suchtkranke am Arbeitsplatz: Arbeits- und disziplinarrechtliche Rahmenbedingungen. In: Deutsche Hauptstelle gegen die Suchtgefahren (Hrsg.), Suchtprobleme am Arbeitsplatz (S. 51-68). Band 31 der Schriftenreihe zum Problem der Suchtgefahren. Hamm: Hoheneck (hier S. 63 f.)

9.2 Hierbei darf allerdings nicht verkannt werden, daß Schweigepflicht und Schweigerecht nur wirksam für die Beteiligten des Arbeitsverhältnisses, also Arbeitnehmer und Arbeitgeber, in diesem Bereich vereinbart werden können. Ansonsten sind durch die gesetzlichen Bestimmungen Grenzen gezogen und Verpflichtungen geregelt. Das betriebliche Schweigerecht und die betriebliche Schweigepflicht ist m. E. jedoch die Minimalanforderung. Es umfaßt einerseits die Verpflichtung des Suchtbeauftragten oder Suchthelfers, die ihm vom betroffenen Mitarbeiter anvertrauten Geheimnisse nicht an den Arbeitgeber weiterzugeben, und andererseits das *Recht*, gegenüber dem Arbeitgeber zu schweigen. Nur in Ausnahmefällen dürfte eine Schweigepflicht bestehen, deren Verletzung sogar strafbar wäre nach § 203 des Strafgesetzbuches: dann nämlich, wenn der Suchtbeauftragte oder Suchthelfer Arzt, Berufspsychologe mit staatlich anerkannter wissenschaftlicher Prüfung oder staatlich anerkannter Sozialarbeiter oder staatlich anerkannter Sozialpädagoge ist. Eine Verletzung von Privatgeheimnissen im Sinne des § 203 StGB kommt auch dann in Betracht, wenn einem Berater für Suchtfragen in einer Beratungsstelle Geheimnisse anvertraut sind. Dies dürfte allerdings regelmäßig nur dann der Fall sein, wenn externe Suchtberatung durchgeführt wird. Eine betriebliche Sozialeinrichtung ist nicht Beratungsstelle im Sinne dieser Vorschrift.

Die betriebliche Schweigepflicht stößt auch dann an ihre Grenzen, wenn es um ein Zeugnisverweigerungsrecht in einem Strafprozeß geht. Nach § 53 StPO steht Suchtbeauftragten oder Suchtkrankenhelfern ein solches Zeugnisverweigerungsrecht nicht zu. Etwas anderes kann allerdings im Zivilprozeß gelten, zu dem auch das arbeitsgerichtliche Verfahren gehört. Hier haben ein Zeugnisverweigerungsrecht aus persönlichen Gründen nach § 383 Abs. 1 Ziff. 6 ZPO Personen, denen kraft ihres Amtes, Standes oder Gewerbes Tatsachen anvertraut sind, deren Geheimhaltung durch ihre Natur oder durch gesetzliche Vorschrift geboten ist, jedenfalls bezogen auf Tatsachen, auf die sich die Verpflichtung zur Verschwiegenheit bezieht. Hier spricht die betriebliche Regelung über die Schweigepflicht dafür, daß dem Suchtbeauftragten oder Suchthelfer von dem Betroffenen Tatsachen in dieser Funktion mitgeteilt sind. Es ist dann Sache des Suchtbeauftragten, die Entscheidung über seine Zeugnisverweigerung zu treffen. [13)]

[13)] Vgl. sehr differenzierend und rechtlich zutreffend: *Freytag, J. (1990)*. Ohren auf und Mund zu. Suchtreport, Heft 5, S. 18 ff.

Durch eine klare Regelung über Schweigerecht und Schweigepflicht wird die Voraussetzung für eine schnelle Intervention beim Rückfall getroffen: Der betroffene Arbeitnehmer kann sich an „seinen" Suchtbeauftragten oder Suchthelfer im Betrieb wenden, ohne befürchten zu müssen, daß sein Rückfall offenbart wird. Dies gilt vor allem für die Fälle, in denen sich eine Auswirkung auf Arbeits- oder Dienstpflichten noch nicht gezeigt hat und dementsprechend auch Sanktionen ausgeschlossen wären. Der Arbeitnehmer kann sanktionsfrei die Hilfe der betrieblichen Suchtberatung in Anspruch nehmen.

10. Kritische Würdigung der Rechtsprechung

10.1 Mit den Rückfallentscheidungen sowohl zur Lohnfortzahlung wie zur Kündigung verkennt das Bundesarbeitsgericht, wie seinerzeit für das Entstehen der Krankheit, daß auch bei einem Rückfall keineswegs nur eine Ursache wirksam ist, sondern in aller Regel ein Ursachenbündel. Beiträge zur Rückfallforschung belegen eindeutig, daß eine Beschränkung der Rückfallursachen auf fehlende Einsicht oder fehlenden Abstinenzwillen, wie es die Gerichte tun, der vielschichtigen Problematik nicht gerecht wird. [14] Verschulden im Sinne der Lohnfortzahlungsbestimmungen wird als ein Verschulden gegen sich selbst, also gegen das, was ein Mensch in seinem wohlverstandenen Interesse tut, verstanden.

Allein die Aufklärung aber bewirkt eben noch nicht Verhaltensänderungen, und allein die Aufklärung bewirkt auch nicht eine Handlungs- und Steuerungsfähigkeit im Sinne einer Schuldfähigkeit. Selbstverständlich ist nicht ausgeschlossen, daß in dem einen oder anderen Fall die Freiheit bestand, anders zu handeln, und somit durchaus ein Vorwurf im Sinne des Verschuldens gegen sich selbst erhoben werden könnte. Nur gibt es nicht einen dahingehenden Erfahrungssatz, wie die Rechtsprechung meint und es sich damit im Sinne eines Schubladendenkens sehr einfach macht.

---

[14] Vgl. *Fleck, J., und Körkel, J. (1990)*. Der Rückfall von Alkoholabhängigen im Arbeitsrecht. Moralisches Versagen, selbstverschuldete Krankheit und andere Mythen. Der Betrieb, 43 (5), 274-277; *Fleck, J., und Körkel, J. (im Druck)*. Der Rückfall alkoholabhängiger Arbeitnehmer als Kündigungsgrund. Analyse und Kritik der gegenwärtigen Rechtsprechung, Vorschläge für eine neue Rechtspraxis. In: *J. Gerchow (Hrsg.)*, Rechtliche Probleme bei Abhängigkeitserkrankungen. Berlin: Springer.

Eine selbstverschuldete Krankheit, die zum Wegfall von Lohnfortzahlungspflichten führt, besteht bei einem Rückfall nur dann, wenn der Betroffene die Freiheit hatte, anders zu handeln, also nicht rückfällig zu werden. Es besteht eher umgekehrt ein Erfahrungssatz, daß der Rückfall nicht selbstverschuldet ist, denn es ist anerkannt, daß Alkoholismus eine mit Rückfällen verbundene Krankheit ist.

10.2 Dies gilt auch für die von der Rechtsprechung angenommene verhaltensbedingte Kündigung, denn diese setzt ebenfalls Verschulden voraus. Bei einem Rückfall gilt jedoch wie beim Entstehen der Krankheit: Droht eine Pflichtverletzung (bei Alkoholkrankheit), ist diese in der Regel nicht verschuldet. Die Rechtsprechung sollte hier konsequent sein und wie beim Entstehen der Krankheit auch beim Rückfall ausschließlich darauf abstellen, ob eine krankheitsbedingte Kündigung nach den genannten Kriterien gerechtfertigt wäre. Es ist in sich widersprüchlich, für das Entstehen der Krankheit personenbedingte Gründe anzunehmen, den Rückfall dagegen mit verhaltensbedingten Gründen zu sanktionieren.

10.3 Auch im Disziplinarrecht gilt: Ein Fehlverhalten kann nur dann verfolgt werden, wenn es vorwerfbar ist, d. h. wenn der Beamte schuldhaft gehandelt hat. Insoweit ist Verschulden arbeits- und disziplinarrechtlich deckungsgleich. Einen Erfahrungssatz dahin, daß der Rückfall in aller Regel selbstverschuldet ist, gibt es also weder im Disziplinar- noch im Arbeitsrecht.

Die Entscheidung des 1. Disziplinarsenats des Bundesverwaltungsgerichts vom 4.7.1990 ist jedoch insoweit zu begrüßen, als er feststellt, daß eine dienstrechtliche Auswirkung des Rückfalls vorhanden sein muß. Damit gilt sowohl im Disziplinar- als auch im Arbeitsrecht, daß der Rückfall als solcher nicht vorwerfbar ist. Ein „kurzer Rückfall" ohne dienst- oder arbeitsrechtliche Auswirkung bedeutet deshalb, daß ein Grund für eine personenbedingte Kündigung ebensowenig vorliegt wie für die Einleitung eines Disziplinarverfahrens. Erst ein Rückfall mit unmittelbaren dienstlichen Auswirkungen – beispielsweise Alkoholkonsum eines Kraftfahrers im Dienst – oder ein langandauernder Rückfall, der die Leistungsfähigkeit des Beamten oder Arbeitnehmers wesentlich beeinträchtigt, könnte deshalb zu Sanktionen führen.

Dies hat unmittelbare Rückwirkung etwa auf die betriebliche Suchtarbeit. Ein Rückfall muß keineswegs eine Katastrophe sein, vielmehr sollten sofort therapeutische Maßnahmen einsetzen, um den Rückfall so „kurz wie möglich" zu gestalten, ggf. als Krisenintervention. Es lohnt sich somit also auch aus rechtlicher Sicht, so schnell und so intensiv wie möglich einem Rückfall zu begegnen. Allein die Tatsache, daß ein Betroffener rückfällig ist, rechtfertigt somit weder eine verhaltens- noch eine personenbedingte Kündigung im Arbeitsrecht oder die Einleitung eines Disziplinarverfahrens im Beamtenrecht.

11. Zusammenfassung und Empfehlungen für die Praxis

Entgegen der Annahme in der Rechtsprechung gibt es keinen Erfahrungssatz, wonach ein Rückfall generell selbstverschuldet ist. Vielmehr ist das Verschulden stets im Einzelfall zu prüfen. Ausgehend von der – noch – bestehenden Rechtsprechung sollte der betroffene Arbeitnehmer die Entwicklung im einzelnen darlegen, die zu seinem Rückfall geführt hat. Unter diesen Voraussetzungen verstehen sich die nachfolgenden Empfehlungen. Es kann nicht genug hervorgehoben werden, daß die Frage eines Verschuldens immer eine individuelle Beurteilung erfordert.

Unter welchen Voraussetzungen verliert der Arbeitnehmer nach einem Rückfall Lohnfortzahlungsansprüche?

● Wenn er den Rückfall im Sinne eines Verschuldens gegen sich selbst herbeigeführt hat.

Unter welchen Bedingungen ist die Kündigung nach einem Rückfall gerechtfertigt?

● Nach der Rechtsprechung kann eine verhaltensbedingte Kündigung ausgesprochen werden, wenn der Rückfall schuldhaft verursacht worden ist und unmittelbare Auswirkungen auf das Arbeitsverhältnis hat. Es kommt auch eine Kündigung aus personenbedingten Gründen in Betracht, wenn in der Vergangenheit Beeinträchtigungen bestanden, die Zukunftsprognose ungünstig ist und eine weitere Zusammenarbeit nicht zumutbar ist.

Was kann der Arbeitnehmer gegen eine Kündigung unternehmen?

● Beim zuständigen Arbeitsgericht eine Kündigungsschutzklage erheben. Achtung: Die Klage ist innerhalb von drei Wochen seit Zugang der Kündigung einzureichen.

Ist es sinnvoll und erfolgversprechend, eine Kündigungsschutzklage zu erheben?

● Die Klage ist in jedem Fall dann zu empfehlen, wenn ein Verschulden nicht vorliegt oder mindestens erhebliche Zweifel bestehen. Die Erfolgsaussicht läßt sich nur individuell beurteilen.

Kann einem Beamten nach einem Rückfall Lohnfortzahlung verweigert bzw. gekündigt werden?

● Nein, für Beamte gilt Arbeitsrecht nicht, sondern ausschließlich Disziplinar- bzw. Beamtenrecht. Gegen ihn kann ein Disziplinarverfahren eingeleitet werden, das jedoch ein Verschulden voraussetzt. Daneben kommt ein Verfahren zur vorzeitigen „Zur-Ruhe-Setzung" in Betracht. In beiden Verfahrensarten gelten entweder die Bundesgesetze – Bundesdisziplinarordnung, Bundesbeamtengesetz – oder die entsprechenden Landesgesetze.

Ist eine Betriebsvereinbarung verbindlich?

● Im Grundsatz ja, sie darf jedoch keinerlei Regelungen enthalten, die den individuellen Arbeitsrechtsschutz unterlaufen. Eine „automatische Kündigung" nach Rückfälligkeit wäre unzulässig. Die Wirksamkeit einzelner Bestimmungen ist im Kündigungsschutzverfahren zu überprüfen. Es empfiehlt sich in jedem Fall, die Betriebsvereinbarung zu überprüfen, da sie günstigere Regelungen für den Betroffenen enthalten kann.

Wie sollten Betriebsvereinbarungen in bezug auf den Rückfall eines Arbeitnehmers ausgestaltet sein?

● Für den Rückfall sollte eine individuelle Regelung empfohlen werden. In Betriebsvereinbarungen enthaltene Disziplinarmaßnahmen wären unzulässig.

Wann empfiehlt sich eine Aufhebungsvereinbarung bzw. ein Aufhebungsvertrag?

● Generell begegnen Aufhebungsverträge Bedenken, da sie vielfach der Umgehung von Kündigungsschutzrechten dienen sollen. Bestehen jedoch Anzeichen dafür, daß anstelle eines Aufhebungsvertrages eine Kündigung gerechtfertigt sein könnte, z. B. wenn Gründe für einen selbstverschuldeten Rückfall vorliegen, und ist eine angemessene Übergangs- bzw. Abfindungsregelung enthalten, kann der Abschluß einer solchen Vereinbarung angezeigt sein. Es kommt auf die Einzelumstände an, generell ist aber vor einem vorschnellen Abschluß derartiger Vereinbarungen zu warnen.

Was kann einem rückfälligen Arbeitnehmer aus rechtlicher Sicht empfohlen werden?

● In jedem Fall den Rückfall so schnell wie möglich „beenden". Soweit eine Sozialberatung vorhanden ist, sich an diese wenden und an einer konstruktiven Lösung mitarbeiten. Die oben aufgezeigten Schutzrechte wahrnehmen.

III.3 Rückfall als Thema für den niedergelassenen Arzt

Gernot Lauer

Inhaltsübersicht

1. Einleitung

Bei Alkoholabhängigen ist eher der Rückfall als die andauernde Abstinenz die Regel. Bedauerlicherweise ist dieses Thema erst in den letzten Jahren in das Interesse und die Aufmerksamkeit von Kliniken und Forschern gerückt. Praktiker nehmen dieses Phänomen zwar häufig wahr, bekommen jedoch von professioneller Seite wenig Unterstützung. Der vorliegende Beitrag versucht, die Problematik dem niedergelassenen Arzt näherzubringen. Dies geschieht in *exemplarischer Weise*. Dabei wird kein umfassender Überblick angestrebt, sondern eher der Versuch einer ersten Sensiblisierung für das Thema unternommen.

Nach einer Entwöhnungsbehandlung ist ein Alkoholabhängiger in der Regel abstinent. Alle Bemühungen von seiten des Betroffenen, aber auch von seiten seines sozialen Umfeldes, wozu auch der niedergelassene Arzt zählt, die zu einer zeitlichen Verlängerung dieser Abstinenzphase beitragen, werden als Maßnahmen zur primären Rückfallprävention bezeichnet. Einige Möglichkeiten eines (eventuell bescheidenen) Beitrags des niedergelassenen Arzt zur primären Rückfallprävention verdeutlicht Abschnitt 2 dieses Beitrages.

Bei vielen Alkoholabhängigen kommt es nach einem gewissen Zeitraum der Abstinenz zum Abstinenzbruch, zum Rückfall. Nach einem „ersten Schluck" Alkohol setzen Prozesse ein, die oftmals zu immer häufigerem und stärkerem Alkoholkonsum führen. Die Folgen des Abstinenzbruches sind im gesundheitlichen, persönlichen, partnerschaftlichen und weiteren sozialen Umfeld zu finden, z. B. in Form von Alkoholfolgekrankheiten, sozialem Abstieg, Ehescheidung, Arbeitsplatzverlust usw. Ziel der sekundären Rückfallprävention oder Rückfallintervention ist es, diese Entwicklung zu unterbrechen und erneut eine abstinente Lebensweise zu ermöglichen. Auch daran kann der niedergelassene Arzt mitarbeiten. Einige Vorschläge finden sich in Abschnitt 3 dieses Beitrages.

Abschließende Bemerkungen (Abschnitt 4) und einige Literaturempfehlungen (Abschnitt 5) schließen diesen Beitrag für den Praktiker ab. Nach Meinung des Autors sind als weitergehende Lektüre die Bücher von Körkel (1988) und Jakobs (1988) besonders zu empfehlen.

2. Vorbeugung von Rückfälligkeit

2.1 Über die Schwierigkeit des Umgangs mit Alkoholabhängigen

Es war Freitagabend, der 21. September, als Dr. W., ein fünfzigjähriger, praktischer Arzt in einer norddeutschen Kleinstadt, seine vermeintlich letzte Patientin an diesem Abend verabschiedete. Er begann seine Tasche zu packen und dachte an die noch abzuleistenden Hausbesuche: ein Kind mit Mumps und ein älteres Ehepaar, beide mittlerweile gehbehindert und über viele Wehwehchen klagend. Alle vierzehn Tage bildeten sie für ihn den Abschluß seines Wochenarbeitspensums. Danach würde er noch mit der Familie im Garten zusammensitzen, grillen, plaudern und ein Gläschen seines Lieblingsrotweines trinken. Gedankenverloren lief Dr. W. an die Anmeldung, in der Meinung, seine langjährige Arzthelferin habe bereits Feierabend gemacht.

Heute war sie jedoch noch da, auf dem Anmeldetresen lag unerwartet noch eine Patienten-Kartei. Dr. W. griff die Karteikarte, las und erschrak: W. Sch., geboren am 17.3.1950. In Windeseile fielen Dr. W. verschiedene Szenen ein: der Tod des Vaters von Herrn Sch. vor zehn Jahren – Gelbsucht, Leberversagen nach jahrelangem Alkoholismus; die ca. fünf bis sechs Hausbesuche bei Familie Sch., stets wegen schwerster Trunkenheit seines Patienten, der nach dem Tode des Vaters exzessiv zu trinken begann, als wolle er das Familiendrama wiederholen. Szenen, bei denen Herr Sch. heillos betrunken war, kaum ansprechbar, die Küche voller zerschlagenem Geschirr, die drei noch kleinen Kinder heulend, die Frau mit einer Platzwunde am Kopf. Bei Gesprächen in der Arztpraxis hatte Herr Sch. stets Besserung gelobt, jedoch wurde nach Verlust des Arbeitsplatzes sein Trinken so exzessiv, daß er sich – das war ca. ein Jahr her – von seiner Ehefrau verfolgt und bedroht gefühlt hatte. Dr. W. hatte damals den Patienten unter der Diagnose „Akute Alkoholhalluzinose" in das nächstgelegene psychiatrische Landeskrankenhaus eingewiesen. Dann hatte Dr. W. vernommen, Herr Sch. habe eine Alkoholentwöhnungsbehandlung gemacht. Und von der Ehefrau des Patienten hatte Dr. W. vor ca. drei Monaten erfahren, Herr Sch. habe sich stabilisiert, lebe abstinent und habe sogar wieder eine neue Stelle gefunden.

Wie soll sich Dr. W., hin- und hergerissen von seinen Gefühlen, gegenüber dem Patienten verhalten?

Niedergelassene Ärzte können bei der Rückfallvorbeugung eine wichtige Funktion haben. Häufig kennen sie die Alkoholabhängigen und deren Familien schon seit Jahren, sind oft hilflose Zuschauer bei der Zuspitzung einer Suchtkarriere. Oftmals haben sie auch schon früh Hinweise für die Alkoholproblematik ihres Patienten, sei es durch die vielen alkoholbedingten Krankheiten, sei es durch Hinweise oder Andeutungen von Nachbarn oder Angehörigen. Wechselnde Gefühle, wie bei Dr. W. angedeutet, können dazu führen, Alkoholabhängige auch nach wiedererlangter Abstinenz nur kurz und knapp zu behandeln, keine längeren und tieferen Gespräche zuzulassen. Diese Haltung führt nicht zu einem verständnis- und vertrauensvollen Klima zwischen Arzt und Patient.

> **Ohne ausreichende Offenheit wird es kaum möglich sein, die Alkoholproblematik anzusprechen.**

Bei all dem Ärger, den Dr. W. mit Herrn Sch. hatte, wäre es verständlich, wenn er herablassend und zynisch fragen würde: „Haben Sie wirklich mit dem Saufen aufgehört?" Der Patient wäre von dieser Frage gekränkt, hört er doch aus ihr Zweifel an seinem Abstinenzwillen und eine generelle Herabsetzung. Dr. W. besucht gelegentlich auf Ärztefortbildungen Balint-Gruppen und hatte vor einiger Zeit dort sein früheres Verhalten gegenüber Herrn Sch. zusammen mit einigen psychotherapeutisch-psychosomatisch ausgebildeten Kollegen reflektiert. Auf diese Weise war es ihm gelungen, ein Stück Abstand zu den im Zusammenhang mit Herrn Sch. erlebten Gefühlen zu bekommen.

2.2 Zugang zum Kernproblem: Alkoholismus

Dr. W. ging in sein Wartezimmer, begrüßte Herrn Sch., bat ihn ins Sprechzimmer, bot ihm einen Platz an, setzte sich und stellte seine übliche Eingangsfrage: „Was kann ich für Sie tun, Herr Sch.?" Herr Sch. erzählte, daß seine jüngste Tochter am Vormittag wegen Leukämieverdachtes in eine Kinderstation der nahe gelegenen Medizinischen Hochschule aufgenommen worden war und daß er sich um sie große Sorgen mache. Ob Dr. W. denn mit dem dort behandelnden Kollegen Kontakt aufnehmen und ihm erklären könne, was es mit dieser Krankheit auf sich habe. Dr. W. war erleichtert, daß Herr Sch.s Besuch nicht in direktem Zusammenhang mit dem Alkoholproblem stand, und er freute sich, daß dieser Patient nun auch wieder bereit schien, Sorge und Anteilnahme für die früher von ihm völlig vernachlässigte Familie zu übernehmen. Im Hinblick auf die fortgeschrittene Zeit versprach Dr. W. Herrn Sch., sich gleich am Montag in der Frühe um diese Frage zu kümmern. Er machte sich eine entsprechende Notiz in seinen Terminkalender und erkundigte sich, ob Herr Sch. am Montag, den 24. September, um 18 Uhr nochmals in seine Sprechstunde kommen könnte. Der Patient stimmte zu, und Dr. W. sagte noch bedeutungsvoll: „Dann habe ich auch mehr Zeit für Sie!"

Wie kann Dr. W. Herrn Sch. auf seine Alkoholproblematik ansprechen, ohne ihn zu verletzen?

Am Wochenende machte sich Dr. W. mehrfach Gedanken zu dieser Frage. Er wollte keinesfalls den Patienten kränken, vielmehr war er daran interessiert, wie sein Patient im Nachhinein seine Alkoholkrankheit sah. Und über dem Leid mit der Erkrankung der jüngsten Tochter wollte Dr. W. seine ärztliche Pflicht gegenüber den Problemen des Patienten nicht zurückstellen. Ohne seine eigenen Fähigkeiten zu überschätzen, wollte er gern seinen bescheidenen Beitrag zur Aufrechterhaltung der Abstinenz von Herrn Sch. leisten. Was aber sollte er tun, wenn Herr Sch. am Montag gar nicht erscheinen würde? Wie sollte er sich verhalten, wenn Herr Sch. unter den Sorgen wegen der Krankheit der Tochter am Wochenende Zuflucht im Alkohol gesucht haben sollte? Sollte er erstmal durch einen Bluttest feststellen, ob die Leberwerte von Herrn Sch. erhöht waren und ihn dann damit konfrontieren, daß er wieder trinken würde? Dies war ja eigentlich anzunehmen, zumal sich Dr. W. an seine Psychiatrie-Vorlesung erinnerte, in welcher der schon lange verstorbene, von ihm fachlich sehr geschätzte Psychiatrie-Professor geäußert hatte, daß alle Alkoholiker nach ihrer „Trockenheit" über kurz oder lang wieder „saufen" würden. Und in seiner Klinikzeit hatte er es ja durchaus mehrfach erlebt, daß Patienten ihren „Flattermann" mittels eines „Flachmanns" – am nächstgelegenen Kiosk erworben – bekämpften. Am Montagabend jedoch ergriff Dr. W. trotz aller Zweifel die Initiative.

2.3 Versuchungssituationen

Pünktlich um 18 Uhr war Herr Sch. ins Wartezimmer gekommen, und da an diesem Tag weniger Patienten als üblich in die Sprechstunde gekommen waren, konnte sich Dr. W. Zeit nehmen. Die Sorge um die

Erkrankung der jüngsten Tochter war schnell ausgeräumt, Dr. W. hatte positive Nachrichten von der Kinderstation der Medizinischen Hochschule bekommen. Beherzt machte Dr. W. einen Versuch, mit Herrn Sch. über dessen Alkoholproblem ins Gespräch zu kommen: „Wir haben ja schon schlimmere Zeiten gemeinsam durchgestanden." – „Sie meinen mein Trinken?" Herr Sch. berichtete über einige seiner in der halbjährigen Entwöhnungsbehandlung gewonnenen Einsichten und äußerte, daß er froh sei, „es" geschafft zu haben. Ob er denn nicht fürchte, in belastenden Situationen mal wieder zum „Tröster Alkohol" greifen zu müssen und so rückfällig zu werden, wollte Dr. W. wissen. Ganz sicher nicht, sagte Herr Sch. mit sichtlichem Stolz. Ob er denn nie in Versuchung geführt worden sei, wollte Dr. W. wissen. Doch, auf einer Betriebsfeier hätten sich die neuen Kollegen über ihn lustig gemacht, weil er keinen Alkohol habe trinken wollen. Er sei dann einfach vorzeitig gegangen. Von ihnen wisse keiner, daß er alkoholkrank sei.

Dr. W. fragt sich, wie Alkoholabhängige mit solchen Versuchungssituationen fertigwerden und ob diese häufig zu Rückfällen führen.

Insbesondere in der Anfangszeit nach einer Entwöhnungsbehandlung stellen Versuchungssituationen für Alkoholabhängige eine ernstzunehmende Rückfallgefahr dar. Diese finden sich in Form der Stammkneipe, bei Betriebsfeiern und Familienfesten. Auch Jahrmärkte, Frühschoppen, das „kleine Glas Sekt" am Geburtstag oder bei einem beruflichen Erfolg eines Kollegen sind solche Gefahrenquellen.

Von derartigen Gefahrenquellen ist zumindest in den ersten sechs bis zwölf Monaten der Abstinenz Abstand zu empfehlen.

Gerade bei noch nicht gut gefestigter Abstinenz stellen solche Verlockungen Rückfallgefahren dar. Je weniger der auf solchen Festen anwesenden Personen von dem Alkoholproblem wissen, desto schwieriger kann es für den Abhängigen werden, Trinkaufforderungen zu widerstehen. Hier ist es sinnvoll, daß der Abhängige, sollte er noch nicht den Mut haben, sich zu seinem Alkoholismus zu bekennen, deutlich sagt, daß er keinen Alkohol trinkt.

Amerikanische Studien haben ergeben, daß ca. 20 Prozent der Rückfälle auf sozialen Druck, d. h. Aufforderungen zum Mittrinken, zustande kamen. Ein ärztlicher Rat zur Rückfallvorbeugung kann deshalb sein: „Lassen Sie sich im ersten Jahr nach dem Erreichen Ihrer Abstinenz nicht auf gefährdende Versuchungssituationen ein." So gesehen ist die Strategie von Herrn Sch., die Betriebsfeier vorzeitig zu verlassen, der Schwierigkeit der Situation angemessen. Besser wäre es jedoch, hätte er sich zu seinem Problem bekennen können. Die Vermeidung von Versuchungssituationen ist kurzfristig eine gute Rückfallpräventionsstrategie, langfristig ist sie jedoch nicht ausreichend.

2.4 Realistische Sichtweise von risikohaften Rückfallsituationen

Da sich Dr. W. Zeit für das Gespräch mit Herrn Sch. genommen hatte, konnten sie sich weiterunterhalten. Dr. W. wollte wissen: „Welche Rückfallgefahren sehen Sie denn noch für sich?" Herr Sch. meinte, es gäbe für ihn keine weiteren Rückfallgefährdungen. Er müsse nur dem Alkohol aus dem Weg gehen. So habe er zu Hause keinen Alkohol mehr, er habe sogar 80 Liter Most, die er im Keller gehabt hätte, weggeschüttet. Mit seiner Ehefrau verstehe er sich wieder bestens, sie rede nicht mehr von Scheidung, und mit seiner neuen Arbeit komme er gut zurecht. Dr. W. runzelt die Stirn.

Sieht Herr Sch. seine Lage realistisch?

Nein! Er sieht sie im wahrsten Sinne des Wortes „blauäugig", indem er viele Rückfallgefährdungen nicht wahrhaben will. Aus amerikanischen und schwedischen Studien ist bekannt, daß rund 40 bis 50 Prozent der Rückfälle mit unangenehmen emotionalen Zuständen zusammenhängen. Depressionen, Verzweiflung, Hoffnungslosigkeit, Angst, Gereiztheit, Nervosität werden in einigen Untersuchungen als intrapsychische Vorläufer von Alkoholrückfällen beschrieben. Insofern hat Dr. W. zu Recht die Stirn gerunzelt: Der Leukämie-Verdacht bei der jüngsten Tochter von Herr Sch. hätte diesen durchaus in einen verzweifelten Zustand stürzen und den Griff zum Alkohol fördern können. Dr. W. hatte dies ja sogar vorwegnehmend phantasiert.

Weitere 15 bis 30 Prozent der Rückfälle stehen nach den bisher vorliegenden Forschungsergebnissen in Zusammenhang mit Konflikten in der Familie oder am Arbeitsplatz. Dr. W. erinnert sich, daß Herr Sch. an seinem alten Arbeitsplatz immer wieder Konflikte mit seinem Vorgesetzten hatte und daß insbesondere die Beziehung von Herrn Sch. zu seiner

Schwiegermutter sehr problematisch ist. Einmal hatte Herr Sch. in betrunkenem Zustand sogar angekündigt, er werde die Schwiegermutter „eines Tages abstechen". All dies veranlaßte Dr. W. zu der Einschätzung, daß Herr Sch. noch einen Großteil seiner Alkoholabhängigkeit und seiner persönlichen Probleme nicht so recht wahrhaben wollte. Eine Atmosphäre der Verleugnung und der mangelnden Offenheit machte sich zwischen den beiden Gesprächspartnern breit. Dr. W. fühlte sich unsicher und verlegen.

2.5 Rückfallvorbeugung durch Selbsthilfegruppenanschluß und ambulante Beratung

Dr. W. wechselte aufgrund seiner Verlegenheit das Thema: „Sind Sie denn wegen Ihrer Alkoholprobleme weiter in Betreuung, besuchen Sie eine Selbsthilfegruppe?" Herr Sch. antwortete: „Ja, ich besuche einmal pro Woche in Y-Stadt die Gruppe des Blauen Kreuzes, und alle vier Wochen habe ich abends mit Herrn K., einem Sozialarbeiter an der Drogenberatungsstelle in Y-Stadt, einen Gesprächstermin, um über aktuelle Probleme zu sprechen." Dies machte Dr. W. wieder hoffnungsfroher, seine Miene klarte deutlich auf.

> Welche aktiven Maßnahmen eines Alkoholabhängigen beugen möglichen Rückfällen vor?

Alkoholabhängige sind insbesondere im ersten Jahr nach Erreichen der Abstinenz einem großen Risiko des Rückfalls ausgesetzt. Aus einigen Studien ist bekannt, daß sich die meisten Erstrückfälle im ersten Halbjahr nach Behandlungsende ereignen. Bemerkenswert ist der vor Rückfällen schützende Einfluß von Selbsthilfegruppen. Viele Untersuchungen zur Effektivität der Selbsthilfegruppen als Nachsorgemaßnahme zeigen, daß die regelmäßige Teilnahme an Selbsthilfegruppentreffen mit einer recht hohen Abstinenzwahrscheinlichkeit einhergeht. Eine Studie zur Teilnahme an Aktivitäten der Anonymen Alkoholiker brachte das Ergebnis, daß 73 Prozent der wöchentlich teilnehmenden Abhängigen nach einem halben Jahr noch abstinent waren. Wenn keine Kontakte zu einer Selbsthilfegruppe bestanden, lag die Abstinenzrate nach einem halben Jahr bei nur 33 Prozent. Alkoholabhängige, die regelmäßig Kontakte zu Selbsthilfegruppen unterhalten, sind also mit mehr als doppelter Wahrscheinlichkeit noch suchtmittelfrei.

Eine andere Studie zeigt, daß regelmäßiger Selbsthilfegruppenkontakt über drei Monate eine 50prozentige Chance erbringt, ein Jahr lang abstinent zu leben. Wer zwischen einem und fünf Jahren abstinent ist und weiter Selbsthilfegruppenkontakt unterhält, wird zu 81 Prozent abstinent bleiben. Bei mehr als fünfjähriger Abstinenz erhöht sich die Wahrscheinlichkeit auf über 90 Prozent.

Selbsthilfegruppen scheinen aber nicht für alle Alkoholabhängigen geeignet. Als Alternative und / oder Ergänzung bietet sich der regelmäßige, längerfristige Kontakt zu einer Beratungsstelle an. Eine Reihe von Studien konnte zeigen, daß regelmäßige ambulante Einzel- und Gruppenberatung in positivem Zusammenhang mit dem längerfristigen Behandlungserfolg Alkoholabhängiger steht. In einer Untersuchung zeigen Patienten mit mehr als zehn ambulanten Kontakten nach einem Jahr eine Abstinenzquote von ca. 60 Prozent, bei weniger Kontakten lag die Rate für Abstinenz unter 10 Prozent. Wie beim Selbsthilfegruppenanschluß ist auch hier die regelmäßige und kontinuierliche Teilnahme mit mindestens monatlicher, besser zweiwöchiger Frequenz ein entscheidender rückfallpräventiver Faktor. Einige Studien haben sogar festgestellt, daß die häufig geringe Teilnahmebereitschaft an Nachsorgeangeboten durch wenig aufwendige Maßnahmen gesteigert werden kann. Telefonische Erinnerungen erwiesen sich als geeignete Mittel, ebenso war der Einbezug von Lebenspartnern eine Hilfe zur Teilnahme an Nachsorgeangeboten und somit ein Beitrag zur aktiven Rückfallvorbeugung. Abschließend scheint folgender Hinweis wichtig:

Selbsthilfegruppen und ambulante Beratungsstellen sind keine Konkurrenz für den Arzt. Im Gegenteil, ihre Arbeit wird dem Arzt den Umgang mit und die Betreuung von Alkoholabhängigen erleichtern, da sie Rückfälle vermeiden helfen und damit die Notwendigkeit des Arztes, erneut als „letzter Retter" eingreifen zu müssen, verringern. Sofern ein Patient einverstanden ist, sollte der Arzt mit dessen Suchtberater Kontakt aufnehmen.

Dr. W. könnte durchaus – Herrn Sch.s Einverständnis voraussetzend – den Sozialarbeiter, Herrn K., an der Drogenberatungsstelle in Y-Stadt anrufen. Beide haben wahrscheinlich unterschiedliche, aber wichtige Informationen füreinander, deren Austausch nicht nur für Dr. W. und Herrn K. zu einem besseren Verständnis von Herrn Sch. und seinen Problemen führen würde, sondern auch zu einer effizienteren ärztlichen Betreuung führen könnte.

> **Austausch und Information sorgen für Klarheit; Klarheit bedeutet eher Abstinenz, Unklarheit steht dem Rückfall näher.**

2.6 Lebensverhältnisse, die bei der Rückfallvorbeugung helfen

Dr. W. schaute auf seine Uhr. 20 Minuten sprachen sie nun bereits miteinander. Er wußte, daß Herr Sch. vor mehr als einem Jahr täglich bei der Arbeit getrunken hatte. Meist war er schon angetrunken von der Arbeit nach Hause gekommen, hatte sich wenig um die Familie gekümmert, keine Hobbies gehabt, viele Dinge vernachlässigt. Es freute ihn zu hören, daß Herr Sch. abends noch Aktivitäten mit seinen Kindern unternahm, und er fragte: „Haben Sie sich denn ein Hobby zugelegt?" Herr Sch. antwortete, er sei gerade dabei, den Kellerraum, in dem er früher Bierkästen gelagert hatte, in eine Werkstatt umzubauen, und er habe vor, in Zukunft dort zu schreinern. Die Schreinerei sei ein Hobby aus seiner Jugend, eigentlich habe er Schreiner, nicht Metallarbeiter werden wollen.

> Wie kann Dr. W. das Hobby von Herr Sch. im Hinblick auf den weiteren Verlauf der Alkoholproblematik werten?

Ein wichtiger stabilisierender Faktor ist für abstinente Abhängige ein ausgewogener Lebensstil. Darunter ist zu verstehen, daß sich die Anforderungen und die Freuden des täglichen Lebens die Waage halten. Wer arbeitet, braucht auch Freizeit. Insofern ist das von Herrn Sch. geplante Hobby als einer von vielen stabilisierenden Faktoren zu werten. Zu einem ausgewogenen Lebensstil gehören ferner befriedigende Kontakte mit dem Partner, Erfüllung und Freude beim Umgang mit den Kindern. Auch ein unterstützender Freundeskreis sorgt für Zufriedenheit und Lebensfreude. In relativ stabilen sozialen Beziehungen lassen sich die im Leben immer wieder auftretenden belastenden und kritischen Lebensereignisse leichter ohne „Alkoholunterstützung" verarbeiten als ohne deren Schutz. Die sozialen und familiären Verhältnisse von Herrn Sch. bieten insofern einen gewissen Schutz vor Rückfälligkeit. In dieser Hinsicht hat er bessere Bedingungen als Alkoholabhängige, die ihre Partner und Familien verloren haben, soziale Kontakte einschlafen ließen. Allerdings können aus solchen Beziehungen, falls sie ungelöste chronische Konflikte beinhalten (die Schwiegermutter von Herrn Sch.!), auch Rückfallgefährdungen entspringen.

2.7 Wie mit Rezeptierungswünschen umgehen?

Nach ca. dreißig Minuten beendete Dr. W. das Gespräch. Wochen später, am 30. Oktober, kam Herr Sch. erneut in die Praxis. Er hatte sich kurz vor Feierabend eine tiefe, blutende Verletzung am rechten Handballen bei der Arbeit zugezogen. Dr. W. versorgte die Wunde mit drei Stichen. Während er dies tat, überlegte er, welche aggressiven Konflikte bei Herrn Sch. zu dieser Verletzung geführt haben könnten. Seine Gedanken kreisten um mögliche Schwierigkeiten am Arbeitsplatz, plötzlich fiel ihm ein, daß Alkoholkranke ein größeres Risiko für Betriebsunfälle haben. Ob Herr Sch. wieder trank? Riechen konnte Dr. W. nichts. Er ließ durch die Arzthelferin noch einige Blutwerte abnehmen – auch mit dem Hintergedanken, ob vielleicht die Leberwerte, die längst wieder im Normbereich lagen, erhöht seien. Außerdem fiel Dr. W. die gedrückte Stimmung von Herr Sch. auf. Nachdem die Verletzung verbunden war, meinte Dr. W. mehr spaßig: „Mit der Schreinerei ist jetzt wohl für zwei bis drei Wochen Pause! Soll ich Sie ein paar Tage krankschreiben?"
Herr Sch. antwortete: „Nein, aber könnten Sie mir ein Schlafmittel aufschreiben? Ich schlafe seit einigen Tagen so schlecht ein."

> Wie soll Dr. W. mit diesem Rezepturwunsch umgehen?

Verschreibungswünsche von Abhängigen sind ganz besonders sorgfältig zu prüfen. So wäre es fast ein Kunstfehler, Herrn Sch. ein Schlafmittel mit Abhängigkeitspotential zu rezeptieren. Vielmehr sollte Dr. W. sich für den Grund der Schlafstörungen und ihre Art interessieren. Dann könnte er eventuell erfahren, daß sowohl die Schlafstörungen als auch der Arbeitsunfall von Herr Sch. mit dem wieder aktivierten Konflikt mit der Schwiegermutter in Beziehung zu bringen sind.

Der Wunsch eines Alkoholabhängigen nach einem Medikament oder einer Arbeitsunfähigkeitsbescheinigung sollte stets auf dem aktuellen lebensgeschichtlichen Problemhintergrund thematisiert werden. Welche Krise steckt dahinter? Können Verschreibungswünsche ein Vorposten eines sich anbahnenden Rückfalls sein?

> **Es besteht die Gefahr, einen sich anbahnenden Rückfall zu übersehen und durch zu schnelles Verschreiben eines Medikamentes mit Suchtpotential einen sogenannten „iatrogenen Rückfall" heraufzubeschwören.**

Das ist ein Rückfall, dessen Initialzündung durch eine zu wenig bedachte Verschreibung z. B. alkoholhaltiger Tropfen oder von Medikamenten mit Abhängigkeitspotential zustande kommt. Der niedergelassene Arzt sollte stets versuchen, die tieferliegenden Gründe zu erfassen. In unserem Beispiel verabredet sich Dr. W. drei Tage später mit Herrn Sch., um einerseits die Wundheilung zu kontrollieren und um andererseits einen tieferen Zugang zur aktuellen krisenhaften Lebenssituation des Patienten zu bekommen.

2.8 Spezielle Probleme

Ein nicht unerheblicher Teil Alkoholabhängiger leidet auch unter verschiedensten psychosomatischen, neurotischen und gar psychotischen Symptomen. Hier ist die Konsultation von, Überweisung an und Mitbehandlung durch einen Spezialisten (Psychotherapeuten, Psychosomatiker, Psychiater) notwendig. Dieser sollte über die Suchtproblematik des Patienten informiert sein. Er steht dann oft vor der schwierigen Aufgabe, eine Indiktion z. B. für eine antidepressive oder neuroleptische Therapie zu stellen. Von einigen Antidepressiva ist bekannt, daß sie noch vor Eintritt ihrer eigentlichen antidepressiven Wirkung Nebenwirkungen entfalten können, die vom Abhängigen wie ein akutes Suchtmittelverlangen empfunden werden und somit zu Rückfällen führen können. In diesem Bereich lassen sich keine allgemeinen Empfehlungen geben. Ständige Information scheint sinnvoll. Besser der betreuende Arzt telefoniert einmal zuviel mit dem Kollegen als einmal zu wenig.

3. Umgang mit Rückfälligkeit

Während sich der vorausgehende Abschnitt mit der Vorbeugung von Rückfälligkeit beschäftigte, wenden wir uns nun der schwierigeren Aufgaben zu, dem Umgang mit eingetretenen Rückfällen.

3.1 Rückfälle sind schwer zu erkennen

Drei Tage später suchte Herr Sch. erneut die Praxis von Dr. W. auf. Die Wunde an der rechten Hand war schnell geprüft und neu verbunden. Herr Sch. wirkte immer noch sehr gedrückt, gelegentlich schien er im Gespräch sogar gereizt. Er machte Dr. W. Vorwürfe, da er ihm kein

Schlafmittel verschrieben hatte und die Schlafstörungen weiter bestan-
den. Dr. W. fühlte sich sehr betroffen und unter Druck gesetzt. Die Blut-
entnahme hatte keine Werte ergeben, die auf erneutes Trinken hinwie-
sen. Dr. W. versuchte sich Herrn Sch. verständlich zu machen: „Ich
denke, Ihre Schlafstörungen und Ihr Unfall haben etwas Gemeinsames."
Herr Sch. stutzte, sagte: „Ja, wegen der Schlafstörungen war ich unauf-
merksam." – „Was stiehlt Ihnen die nächtliche Ruhe?" wollte Dr. W.
wissen. Herr Sch. schwieg. „Haben Sie denn mit Herrn K. über diese
Probleme reden können?" Herr Sch. eröffnete, daß er den letzten Ter-
min bei Herrn K. nicht wahrgenommen habe, weil es ihm so gut gegan-
gen war. „Konnten Sie in der Selbsthilfegruppe über Ihre Probleme re-
den?" Dort sei er auch seit zwei Wochen nicht mehr gewesen, weil in die-
ser Zeit immer die Schwiegermutter ins Haus komme und gegen ihn
hetze. Dr. W. runzelte die Stirn.

> Steht Herr Sch. unmittelbar vor einem Rückfall, oder ist er bereits
> rückfällig?

Dies ist die zentrale Frage, die sich Dr. W. stellt. Herr Sch. ist in einer
gereizten, dysphorischen Stimmung, die wohl mit dem Konflikt mit der
Schwiegermutter zusammenhängt. Die Kontakte zum Suchtberater und
zur Selbsthilfegruppe hat er unterbrochen. Wie oben (in 2.4) ausgeführt,
hängen bis zu 50 Prozent der Rückfälle mit negativen emotionalen Zuständen, wie sie Dr. W. gerade bei Herrn Sch. erlebt, zusammen. Eine
Lösung des Herrn Sch. belastenden Konfliktes scheint schwierig, da er
seine Selbsthilfegruppenbesuche als Möglichkeit der Schwiegermutter erlebt, gegen ihn Stimmung zu machen.

Dr. W. erkundigt sich, ob er denn mit dem Suchtberater, Herrn K.,
telefonieren solle, um die schwierige Situation von Herrn Sch. zu bespre-
chen. Herr Sch. ist der Meinung, daß dies nicht helfe, hat aber keine Ein-
wände. Am nachfolgenden Tag ist zu erfahren, daß Herr Sch. offensicht-
lich beim letzten Besuch bei Herrn K. sehr gekränkt gewesen sei, da er
mit seiner „blauäugigen" Alkoholvermeidung konfrontiert worden war.
Herr K. und Dr. W. stimmen darin überein, daß Herr Sch. möglicher-
weise schon rückfällig sei oder zumindest kurz vor einem Rückfall stehe.

3.2 Mögliche Rückfallvorläufer

Wenige Tage später erschien Herr Sch. erneut in der Praxis von Dr. W.

Beim Kontrollieren der Verletzung fiel Dr. W. die lockere, euphorische und unnatürlich gelöste Stimmung des Patienten auf. Er sprach ihn an: „Ihnen geht es wieder viel besser?" Herr Sch. antwortete, er habe eingesehen, daß das Hauptproblem die Schwiegermutter sei, nicht der Alkohol. Er habe der Schwiegermutter vor zwei Tagen Hausverbot erteilt, seither gehe es ihm sehr gut.

Dr. W. ist verwirrt: Wie hat er diesen plötzlichen Stimmungsumschwung zu verstehen?

Bereits in Abschnitt 2.4 hatten wir mögliche Rückfallvorläufer besprochen: unangenehme emotionale Zustände, sozialer Druck und Konflikte am Arbeitsplatz und in der Familie. In diesem Beispiel zeigen sich noch mögliche andere Rückfallvorläufer: Herr Sch. verleugnet sein Alkoholproblem. Vielleicht hat er insgeheim den Wunsch, wieder kontrolliert zu trinken, oder er hat dies bereits getan. Anderseits ist es möglich, daß die gehobene Stimmung des Patienten Ausdruck eines „trockenen Rückfalls" ist. Darunter wird verstanden, daß ein abstinent lebender Alkoholabhängiger auf frühere Denk-, Erlebens- oder Verhaltensgewohnheiten zurückgreift, die vor der Abstinenz mit dem Alkoholkonsum in engem Zusammenhang standen. Dr. W. telefoniert erneut mit Herrn K., beide sind sich einig, daß der Rückfall von Herrn Sch. bereits eingetroffen sei. Es sei nur fraglich, wann und wie sich die „nasse" Phase des Rückfalls zeige.

3.3 Rückfälle möglichst frühzeitig unterbrechen

Zum nächsten vereinbarten Sprechstundentermin erschien Herr Sch. nicht. Dr. W. ahnte nichts Gutes.

Schließlich saß Herr Sch. knapp zwei Wochen später, am Freitag, den 16. November, im Wartezimmer von Dr. W. Schon die Arzthelferin wies Dr. W. darauf hin, daß Herr Sch. alkoholisiert sei. Dr. W. empfing Herrn Sch. wie üblich, erkundigte sich nach der Verletzung, schaute die gut verheilte Wunde an und zog endlich die Fäden. Dann meinte er: „Sie sind zur Zeit so verzweifelt, daß Sie zum ‚Tröster Alkohol' greifen?" Herr Sch. meinte, er habe nur drei Bier nach der Arbeit getrunken, zur Entspannung. Es entwickelte sich ein längeres Gespräch zwischen beiden, bei dem sich Dr. W. bemühte, Herrn Sch. keine Vorhaltungen zu machen. Dr. W. forderte Herrn Sch. allerdings auf, die Beratungsstelle

wieder aufzusuchen und die Selbsthilfegruppe wieder zu besuchen. Herr
Sch. schien unwillig. Schließlich einigten sich beide darauf, am Montag-
vormittag erneut darüber zu sprechen. Dr. W. nannte dabei eine Bedin-
gung: Herr Sch. möge am Montag nüchtern, d. h. „trocken" in seine
Sprechstunde kommen.

Welche Möglichkeiten hat Dr. W., um die drohende schwere
Rückfälligkeit von Herrn Sch. unterbrechen zu helfen?

Rückfallunterbrechung (sekundäre Rückfallprävention) ist eine wichtige und schwierige Aufgabe. Aus einer Reihe von Untersuchungen ist
bekannt, daß das (erneute) Aufsuchen von Selbsthilfegruppen nach einem Rückfall zur Abstinenz zurückführt. In einer großen deutschen Studie waren dadurch nach vier Jahren 56 Prozent der zuvor Rückfälligen
wieder abstinent. Die spätere Abstinenzrate liegt dagegen bei keinem erneuten Selbsthilfegruppenbesuch bei nur rund 30 Prozent. Selbsthilfegruppen werden allerdings nach Rückfällen eher gemieden, obgleich sie
für das Wiedererlangen der Abstinenz äußerst hilfreich sind. Rückfälle
sollten möglichst frühzeitig unterbrochen werden, bevor sich der alte
Zirkel der Sucht wieder einstellt: ständige Trunkenheit, eheliche Probleme, körperliche Folgekrankheiten, Arbeitsplatzverlust usw. Bei
schwerer Rückfälligkeit können erneut eine Einweisung in ein Krankenhaus zur Entgiftung und eine anschließende Entwöhnungsbehandlung
notwendig werden.

In unserem Beispiel hat Dr. W. die weitere Betreuung von Herrn
Sch. von einer Bedingung abhängig gemacht: Nüchternheit beim
nächsten Arzttermin. Dies ist ein sinnvoller, erster Schritt in Rich-
tung Abstinenz.

3.4 Für Klarheit sorgen

Herr Sch. erschien am Montag, den 19. November, in der Praxis von Dr.
W. Er konnte die Bedingung erfüllen. Lange sprachen beide miteinan-
der. Herr Sch. erklärte sich bereit, daß Herr Dr. W. in seiner Anwesenheit
Herrn K. von der Drogenberatungsstelle anrufe. Mit klaren und deutli-
chen Worten, ohne Beschönigung, erklärte Dr. W. seine Sicht der Dinge.
Herr Sch. schien davon sehr betroffen. Am Ende des Telefonates verein-
barte Herr Sch. persönlich einen neuen Beratungstermin mit Herrn K.

für Ende der Woche. Zu diesem Termin wollte er auch erstmals seine Ehefrau mitbringen.

Hat Dr. W. hier richtig gehandelt?

Dr. W. hat durch die Bedingung, Herr Sch. solle nüchtern in die Sprechstunde kommen, eine erste Hürde zur Rückkehr zur Abstinenz errichtet. Diese konnte Herr Sch. relativ leicht erfüllen, da sich seine Rückfälligkeit noch nicht sehr weit entwickelt hatte. Durch das Gespräch konnte Dr. W. weitere Zugeständnisse von Herrn Sch. erreichen. Die eindrückliche telefonische Schilderung der Situation in Herrn Sch.s Anwesenheit schaffte für alle Beteiligten Klarheit. Im angloamerikanischen Sprachraum gibt es dafür den Begriff der „konstruktiven Konfrontation". Die am Ende getroffene Vereinbarung, auch die Ehefrau in eine Beratung mit einzubeziehen, dürfte helfen, die zeitweise und kurzfristige Rückfälligkeit von Herrn Sch. zu beenden. In der Beratung kann dann auch möglicherweise ihre Rolle im Konflikt von Herrn Sch. mit der Schwiegermutter besser verstanden werden.

3.5 Unterstützung für Abstinenz anbieten

Wir wollen hier unser Fallbeispiel abbrechen und hoffen, daß es Herrn Sch. gelingt, wieder abstinent zu werden. Was die Rolle des niedergelassenen Arztes angeht, so sind noch einige Anmerkungen notwendig.

Wichtig scheint es, medizinische Notwendigkeiten (z. B. die Versorgung von Herrn Sch.s Verletzung) von Maßnahmen, die der Aufrechterhaltung und der Wiedererreichung der Abstinenz dienen, zu unterscheiden.

Wenn keine medizinische Notwendigkeit zur Behandlung besteht, kann es im Einzelfall durchaus hilfreich sein, ein weiteres Gespräch mit Hinweis auf die Trunkenheit des Patienten abzulehnen und ihn zu bitten, zu einem späteren Zeitpunkt nüchtern in die Sprechstunde zu kommen. Der niedergelassene Arzt sollte sich quasi zum Verbündeten der abstinenten Anteile des Patienten machen und diesen Unterstützung gewähren. Diese Unterstützung kann im Einzelfall ein längeres Gespräch, ein Hausbesuch, ein Telefonat oder auch eine Verschreibung eines Medikamentes oder eine Bescheinigung oder eine Überweisung sein.

> **Da Rückfälle höchst individuelle Ursachen und Verläufe haben, ist jeweils ein flexibles, der Situation und der Arzt-Patienten-Beziehung angemessenes, konsequentes Verhalten zu empfehlen.**

3.6 Spezielle Probleme

Gelegentlich können Schwierigkeiten bei der Zusammenarbeit mit Beratungsstellen auftreten. Hier gilt es sich zu fragen, in wieweit diese durch die beiden Beteiligten (Arzt und Berater), die sich eventuell in einem unbewußten Konkurrenzkampf befinden, bedingt sind. Möglicherweise ist es auch die Dynamik des individuellen Rückfallverlaufes, die eine Spaltung der Betreuer – im Sinne der psychoanalytischen Suchttheorie in eine sogenannte „gute" und eine „böse Brust" – bewirkt.

Problematisch und schwierig sind Interventionen, wenn Rückfälle weit fortgeschritten sind. Hier kann im Einzelfall die Einweisung in ein Krankenhaus der erste Schritt zur Unterbrechung der Eigendynamik des Rückfallgeschehens sein.

Einige Alkoholabhängige können auch mit medikamentöser Hilfe Rückfälle unterbrechen.

> **Der Einsatz von Medikamenten sollte aber hinter dem persönlichen Einsatz des Arztes beim Bemühen um eine tragfähige Arzt-Patient-Beziehung zurückstehen. Rückfallunterbrechung rechtfertigt im ambulanten Bereich nicht das Verschreiben von Medikamenten mit Suchtpotential.**

4. Abschließende Bemerkungen

Der vorliegende Beitrag für niedergelassene Kollegen ist, wie einleitend erwähnt, nur der Versuch einer ersten Sensibilisierung für das Thema. Sicherlich sind die Möglichkeiten, mit alkoholabhängigen Patienten zu arbeiten, auch von persönlichen Vorlieben und Abneigungen abhängig. Dennoch ist das persönliche Bemühen um suchtkranke Patienten eine Aufgabe, die in den nächsten Jahren weiter an Brisanz gewinnen wird. Die Deutsche Hauptstelle gegen die Suchtgefahren schätzt die Anzahl Alkoholabhängiger in Deutschland (alte und neue Bundesländer) auf ca. 2,5 Millionen. Dennoch sind Suchtkranke nach wie vor, wie es Schwoon und Krausz (1990) formulierten, die „ungeliebten Kinder der Psychiatrie" – und der meisten niedergelassenen Kollegen, meint der Autor ergänzen zu dürfen.

5. Literaturempfehlungen

Feuerlein, W. (1984). Alkoholismus – Mißbrauch und Abhängigkeit. Stuttgart: Thieme (3. Auflage).

Jacobs, M. R. (1988). Beratung Alkoholabhängiger – Therapeutische Möglichkeiten im ambulanten Bereich. Stuttgart: Hippokrates.

Körkel, J. (Hrsg.) (1988). Der Rückfall des Suchtkranken – Flucht in die Sucht? Heidelberg: Springer.

Schlüter-Dupont, L. (1990). Alkoholismus-Therapie. Stuttgart: Schattauer.

Schmidt, L. (1988). Alkoholkrankheit und Alkoholmißbrauch. Stuttgart: Kohlhammer (2. Auflage).

Schwoon, D. R., und Krausz, M. (Hrsg.) (1990). Suchtkranke – Die ungeliebten Kinder der Psychiatrie. Stuttgart: Enke.

III.4 Der Rückfall während stationärer Therapie

Joachim Körkel

Inhaltsübersicht

1. Vorbemerkungen

Noch vor etwa zehn Jahren war die Entlassung eines Alkoholabhängigen, der während einer stationären Entwöhnungsbehandlung Alkohol zu

145

sich genommen hatte, meist eine unhinterfragte Selbstverständlichkeit. Abstinenz während der Therapie wurde einfach erwartet. Seit mehreren Jahren wird diese Praxis in Frage gestellt, und einige Kliniken sind dazu übergegangen, rückfällige Patienten nicht in jedem Falle zu entlassen. Das ganze Feld ist im Umbruch. Was ist nun „richtig": Weiterbehandeln oder vorzeitig entlassen? Der vorliegende Beitrag geht auf diese Fragestellung mit dem Ziel ein, manche – wie ich meine fragwürdige – Routine in der Handhabung stationärer Rückfälligkeit überdenken zu helfen (vgl. ausführlicher Körkel 1991). Dieses Kapitel richtet sich insbesondere an stationär tätige Therapeutinnen und Therapeuten.

2. Häufigkeit und Formen stationärer Rückfälligkeit

Rückfälle im geschützten Rahmen einer Fach- oder einer psychiatrischen Klinik sind zwar nicht die Regel, aber auch nicht die absolute Ausnahme: Im bundesdeutschen Durchschnitt konsumiert jeder zehnte Alkoholabhängige *während* seiner stationären Entwöhnungsbehandlung erneut Alkohol (Küfner und Feuerlein 1989, S. 51). Die Spannbreite der Rückfallquoten reicht von 0 Prozent bis 31 Prozent in verschiedenen Einrichtungen (a.a.O.; Watzl 1986).

Diese „Ausrutscher" oder Rückfälle sehen durchaus sehr unterschiedlich aus:

Einige Patienten konsumieren Alkohol in der Klinik, andere während eines Ausflugs oder auf einer Heimreise; einige trinken heimlich, andere versuchen erst gar nicht, das Trinken zu verbergen, und sie geben ihren erneuten Alkoholkonsum in der Klinik selbst an; manche Patienten trinken gleich zu Beginn der Behandlung, andere erst gegen Ende der Therapie; bei einigen bleibt es beim kurzzeitigen, geringen Alkoholkonsum („Ausrutscher"), bei anderen kommt es zur Volltrunkenheit usw.

Bereits diese Unterschiede im Zeitpunkt und im Verlauf von Rückfällen machen deutlich:

> **Auch stationäre Rückfälle sind höchst unterschiedliche Phänomene. „Den" stationären Rückfall gibt es bei genauerer Betrachtung nicht.**

3. Stationäre Rückfälligkeit = fehlende Abstinenz- bzw. Behandlungsbereitschaft?

3.1 Argumente für eine vorzeitige Entlassung

Die Diagnose nach einem stationären Rückfall lautet oftmals: Fehlende Abstinenz- bzw. Behandlungsbereitschaft (fehlende Abstinenzmotivation). Die Zwangsentlassung aus stationärer Behandlung ist dementsprechend die scheinbar schlüssige Konsequenz. In der Weiterbehandlung eines stationär Rückfälligen wird zudem eine Gefährdung des Abstinenzschutzes der Mitpatienten gesehen.

In den folgenden Fällen ist es auch durchaus naheliegend, nach einem Rückfall eine Entlassung auszusprechen:

● bei fortbestehender massiver Verleugnung oder Bagatellisierung des Rückfalls,

● bei fehlender bzw. zur Zeit nicht entwicklungsfähig erscheinender Abstinenzmotivation,

● bei einer negativen/destruktiven Einstellung zur Therapie,

● bei offenkundiger Unehrlichkeit,

● beim Verbreiten einer negativen Atmosphäre in der Klinik, etwa durch Prahlen mit dem Rückfall

(vgl. Körkel, Dittmann, Pahlke und Wohlfarth 1988, S. 256).

In manchen Einrichtungen ist auch ohne die zuvor genannten Gründe ein Rückfall in jedem Falle Anlaß für eine vorzeitige Entlassung des Patienten. Für diese „Generalentlassung" gibt es in der Praxis durchaus Erfolgsmeldungen: Bei einigen Patienten stellen der Rückfall und die sich anschließende Entlassung so etwas wie einen „heilsamen Schock" dar – sie trinken seit dieser Entlassung keinen Tropfen Alkohol mehr.

3.2 Argumente gegen eine vorzeitige Entlassung

Möglicherweise halten auch Sie persönlich aus den genannten Gründen die vorzeitige Zwangsentlassung nach Rückfälligkeit für die beste Maßnahme. Die gerade aufgeführten Argumente sollten jedoch nicht voreilig verallgemeinert werden. Wissenschaftliche Untersuchungen und genauere Analysen stationärer Rückfälle haben nämlich folgendes gezeigt:

> **Bei vielen stationären Rückfällen ist keineswegs eine fehlende Abstinenz- oder Behandlungsbereitschaft „der" Grund schlechthin für den Rückfall.**

Neuere Untersuchungen und Überlegungen veranlassen zu mehr Nachdenklichkeit. Sie sollten folgendes bedenken:

3.2.1 Auch während einer stationären Behandlung spielen unangenehme Gefühlszustände bei der Rückfallentstehung eine erhebliche Rolle. *Das war bei Herrn L., einem 51jährigen hageren Arbeiter aus einem Hüttenwerk, der Fall. Herr L. begann seine sechsmonatige stationäre Therapie völlig verbittert. Er fühlte sich vom Arbeitgeber zu dieser Maßnahme gezwungen und gedemütigt: „Andere haben viel mehr gesoffen als ich!" Nach kurzer Zeit wurde aber deutlich, daß Herrn L. das eingeleitete Scheidungsverfahren der Ehefrau weit mehr belastete.*

Als Vollwaise und Heimkind erlebte er damals, vor knapp 30 Jahren, ein unbeschreibliches Glücksgefühl, als er seine Frau kennenlernte. Wunschgemäß bekam das Ehepaar in wenigen Jahren mehrfach Nachwuchs. Herr L. hatte zum ersten Mal in seinem Leben das gefunden, was er sich immer sehnlichst gewünscht hatte: Ein Zuhause. Er wußte nun, wo er hingehörte. Er hatte Wurzeln geschlagen.

Mit den Jahren kam es zu erheblichen Auseinandersetzungen zwischen ihm und seiner Frau, zum Teil wegen alltäglicher Kleinigkeiten. Es wurde Herrn L. dabei zum Verhängnis, daß er nicht gelernt hatte, sich mit anderen Menschen auseinanderzusetzen. Entweder reagierte er seiner Frau gegenüber barsch und gewalttätig, oder er fraß seinen Ärger in sich hinein. So war die Flucht in den Alkohol kein langer Weg. Auf diese Weise bekam er zumindest zeitweise Abstand von den ständigen Reibereien mit seiner Ehefrau. Auch sein Bestreben, durch ein Übermaß an Überstunden alles wiedergutzumachen und sich und seiner Familie eine Existenz aufzubauen, bekam er nicht in den Griff: Der Alkohol war auch hierbei ein nützliches Mittel, um wenigstens zeitweise alle Belastungen und Sorgen hinter sich zu lassen. Mit den Jahren bekam Herr L. gar nicht mehr recht mit, wie weit sich seine Frau innerlich von ihm entfernt hatte. Hier und da flackerte ein vages, bedrohliches Gefühl auf, von seiner Frau „im Stich gelassen" zu werden; der Alkohol half jedoch dabei, auch diese Ängste zu vertreiben.

Jetzt, zu Beginn der Therapie, wurde schlagartig deutlich: Ehe und Familie waren für Herrn L. das Fundament, an das er sich klammerte

148

wie ein Ertrinkender. Daß es seine Frau diesmal ernst meinte mit der Scheidung – das wollte er auch im trockenen Zustand nicht wahrhaben, obwohl ihn eine düstere Vorahnung begleitete.

Zur Klärung der Ehesituation fand schließlich ca. vier Wochen nach Therapiebeginn zwischen dem Therapeuten, Herrn L. und Frau L. am Samstagvormittag in der Klinik ein Gespräch statt. Das Gespräch verlief dramatisch: Frau L. nahm keinen Blickkontakt mit ihrem Mann auf und wandte sich ihm im Gespräch nicht zu. Kurzangebunden und unmißverständlich machte sie – voller Haß und Verachtung gegenüber ihrem Mann angesichts dessen, was in der „Saufphase" alles vorgefallen war – klar, daß sie sich „lieber die Kugel geben würde, als erneut mit diesem Schwein zusammenzuziehen".

Nach dem Gespräch wahrte Herr L. zunächst noch die Fassung. Die letzte Hoffnung auf ein Zusammenfinden, die er phantasiert hatte, war jedoch geschwunden. Im weiteren, stützenden Gespräch – zwischen Therapeut und Herrn L. – konnte Herr L. nur ansatzweise seine tiefe Erschütterung zum Ausdruck bringen. Nach Ende dieses Gespräches kapselte er sich für den Rest des Tages – in gewohnter Einzelkämpferart – in seinem Zimmer ab. Grübeln und ein dumpfer Schmerz gewannen die Oberhand über ihn. Den Hinweis seines Therapeuten, sich später beim diensthabenden Therapeuten zu melden, nahm Herr L. nicht wahr: Resignierend verließ er am Abend die Klinik und betrank sich in einer nahegelegenen Gaststätte bis zur Besinnungslosigkeit.

Dieser Fall und viele andere machen deutlich, daß keineswegs jeder Rückfall während stationärer Therapie auf einen „Willen zum Saufen" bzw. auf eine „Entscheidung zum Trinken" reduziert werden kann. Vielmehr scheint auch während stationärer Therapie „der Rückgriff auf den Alkohol einen Versuch [darzustellen], unbewältigte psychische oder psychosoziale Probleme, die im Zustand der ‚Trockenheit' in den Vordergrund getreten sind, in den Hintergrund zu drängen" (Körkel et al. 1988, S. 242).

Nach psychoanalytischem Verständnis kann dies zum Beispiel heißen, daß „einem Rückfall ‚regelhaft ein realer oder symbolischer Objekt-Verlust zugrunde liegt' …, der im Urlaub des Therapeuten, in frustrierten Erwartungen des Patienten usw. begründet sein kann. Der Patient agiert diesen Objektverlust mit einem Rückfall [aus] … Aufgrund der schwachen Ichgrenzen, fehlender guter Objekte und Verarbeitungsmöglichkeiten kann der Alkoholiker Enttäuschungen eben nicht anders verarbeiten als dadurch, daß er das freiwerdende destruktive Potential gegen sich selbst richtet" (Rost 1987, S. 226f).

149

3.2.2 Es scheint im übrigen für die Häufigkeit stationärer Rückfälle unerheblich zu sein, ob die Patienten häufigen Atem-Alcotests (im Mittel jeden zweiten Tag) und alkohol-/medikamentenbezogenen Zimmerkontrollen (mindestens einmal wöchentlich) unterzogen werden, oder ob diese Kontrollen nur bei erhärtetem Verdacht auf Alkoholkonsum durchgeführt werden (Watzl et al. 1986).

3.2.3 Wenn man sich der zuvor ausgeführten Sichtweise, daß vielen Rückfällen psychische oder soziale Konflikte zugrundeliegen (vgl. ausführlicher Körkel, in diesem Band, Kapitel I), anschließt, so folgt daraus, daß durch eine vorzeitige Entlassung darauf verzichtet wird, die Bearbeitung einer zentralen, vermutlich wiederkehrenden Problematik einzuleiten.

> **Ein tieferes Verständnis für die mit der Sucht in engem Zusammenhang stehenden Konflikte wird zu einem Zeitpunkt verhindert, zu dem diese Konflikte besonders offenkundig sind und viele Rückfällige für deren Bearbeitung erfahrungsgemäß empfänglicher sind als sonst.**

Wenn man Rückfälle als festen Bestandteil der Sucht versteht, so scheint es im Sinne einer realitätsangemessenen Bearbeitung des Suchtproblems angezeigt, dieses Problem im Stadium seines „Aufblühens" zu bearbeiten.

3.2.4 Ein nicht unerheblicher Teil suchtmittelabhängiger Patienten leidet zusätzlich an einer anderen psychischen Problematik, wie etwa einer Depression. In der Vorgeschichte zeigt sich zuweilen, daß diese psychische Erkrankung zum Teil schon viele Jahre vor Beginn des Alkoholismus aufgetreten ist und der Alkohol zur Dämpfung dieser belastenden Gefühle eingesetzt wird.

Wenn nun ein Patient mit diesem Hintergrund vorzeitig wegen eines Rückfalls aus der Behandlung entlassen wird, so ist es möglich, daß man jemanden entläßt, bei dem gerade ein „Aufblühen" seiner behandlungsbedürftigen Primärkrankheit zu beobachten ist. Also etwa: Man entläßt einen Rückfälligen, der zunächst depressive Symptome entwickelt und zu deren Eindämmung getrunken hat, bei dem das Trinken sozusagen nur ein Anhängsel seiner bedrückten Stimmungslage ist.

3.2.5 Noch weitergehender ist folgendes zu bedenken: Es werden gehäuft diejenigen Alkoholabhängigen stationär rückfällig, die besonders schwer beeinträchtigt sind. Das sind diejenigen, die trotz früherer Behandlungen immer wieder in massives Trinken abgleiten, die als psychisch labil zu bezeichnen sind und die sozial entwurzelt leben: Abhängige mit Suizidversuchen in der Vorgeschichte und mit früheren Behandlungen in Suchtkliniken; Alkoholiker, die alleine leben, arbeitslos sind, Arbeitsplatzverluste wegen Alkoholmißbrauchs aufweisen usw. (vgl. Küfner und Feuerlein 1989, S. 165).

Die stationäre Zwangsentlassung trifft also gehäuft diejenigen mit ohnehin schlechter Prognose!

Gerade bei sozial entwurzelten, wohnsitzlosen und zumindest teilweise auch hirnorganisch geschädigten Alkoholabhängigen, die zur Dauerabstinenz nicht in der Lage sind oder zu sein scheinen, ist eine Pauschalentlassung besonders fraglich. Das ist nun allerdings keinesfalls als Versagen der bestehenden stationären Suchteinrichtungen zu verbuchen. Im Gegenteil: In diesem Bereich wird sehr verdienstvolle Arbeit geleistet. Für die angesprochene „Risikogruppe" sind vielmehr zukünftig neue Behandlungskonzepte zu entwickeln, wie etwa Betreuungsangebote unter sozialtherapeutischen Gesichtspunkten (vgl. Beitrag Wohlfarth, in diesem Band).

3.2.6 Als Folge einer Zwangsentlassung ist auf jeden Fall das naheliegende Risiko in Kauf zu nehmen, daß sich in der inneren Rückfallverarbeitung beim Abhängigen ein Selbstbild verstärkt, das weiteres Suchtverhalten eher anheizt statt abschwächt:

● Das Selbstbild eigenen Unvermögens, Versagens und Scheiterns wird verfestigt: „Ich habe *wieder* etwas falsch gemacht! Ich bin *erneut* völlig gescheitert! Was ich bislang erreicht habe, ist nichts wert! Ich bin nun mal ein Versager!"

● Es verfestigt sich gleichzeitig die Überzeugung, unfähig zu sein, ohne Alkohol leben zu können. Das heißt, die eigenen Erwartungen in die Beeinflußbarkeit des zukünftigen Alkoholkonsums werden weiter untergraben: „Bald bin ich wieder dort (im Kontrollverlust), wo ich schon vorher war! Jetzt ist sowieso alles egal, da kann ich mich gleich besaufen! Ich schaffe es nie!"

Resümee:

> **Es ist eher wahrscheinlich, daß Zwangsentlassungen aus stationä- rer Behandlung den Glauben an die eigene Kontrollunfähigkeit ze- mentieren und somit längerfristig das „Herauswachsen aus der Sucht" behindern.**

3.2.7 Mit Blick auf das Abstinenzziel läßt sich fragen, ob die vorzeiti- ge Behandlungsbeendigung nach Rückfälligkeit die spätere Abstinenz fördert oder erschwert. Die Ergebnisse aus der oben genannten Studie sind eindeutig (Küfner und Feuerlein 1989): 40 Prozent der männlichen Rückfälligen, die trotz eines Rückfalls ihre Therapie zu Ende führten, blieben über einen Zeitraum von 18 Monaten nach Therapieende hinweg abstinent – aber nur 8 Prozent derer, für die nach dem Rückfall auf- grund eigener Entscheidung oder Zwangsentlassung die Behandlung zu Ende war. Bei den Frauen lautet das Verhältnis gar 37 Prozent zu 0 Pro- zent! Selbst wenn man diese Ergebnisse aufgrund der methodischen An- lage dieser Studie nur als Trends versteht, so scheint die folgende Schluß- folgerung doch gerechtfertigt:

> **Aufbauend auf den vorliegenden empirischen Ergebnissen kann eine vorzeitige Entlassung in der Regel nicht stichhaltig mit dem Wohl des Patienten begründet werden, da die entlassenen Rück- fälligen im Gegensatz zu den weiterbehandelten Rückfälligen eine erheblich geringere Abstinenzwahrscheinlichkeit nach Beendigung der Behandlung aufweisen.**

Eigene Erfahrungen aus der stationären Suchttherapie veranlassen uns zu der noch weitergehenden Schlußfolgerung, daß eine vorzeitige Zwangsentlassung nach Rückfälligkeit in der Regel auch nicht stichhal- tig mit dem Wohl der Mitpatienten begründet werden kann, *sofern* das therapeutische Klima für die in ihrer Abstinenz ungefestigten Mitpatien- ten einen Halt bietet. Es existieren nämlich Erfahrungswerte, nach denen durch den Verbleib rückfälliger Patienten keineswegs generell „Rückfall- lawinen" in der Klinik ausgelöst werden (vgl. Körkel et al. 1988, S. 265).

3.2.8 Stationäre Rückfälle werden in der Regel einseitig als Verschulden des (nicht abstinenzmotivierten) Rückfälligen ausgelegt. Diese Sicht- weise läßt außer acht, daß es erhebliche Einflüsse auf das stationäre Rückfallgeschehen gibt, die *nicht* dem Rückfälligen zuzuschreiben sind. Der folgende Fall macht dies deutlich:

Bei der genaueren Analyse des stationären Rückfalls von Herrn M. wurde deutlich, daß seine zentralen innerseelischen Konflikte während der Behandlung keiner therapeutischen Bearbeitung unterzogen wurden, obgleich bereits im Sozialbericht der überweisenden Beratungsstelle darauf hingewiesen worden war. Genauer besehen, ergab sich folgendes: a) Herr M. befand sich in einer Behandlungsstätte, die weitgehend auf eine psychotherapeutische Arbeitsweise (inkl. Einzelgesprächen) verzichtet; b) der zunächst behandelnde Therapeut war mit der speziellen Problematik des Patienten – einer schweren Borderline-Störung – überfordert; c) während der Therapiezeit von Herrn M. fanden zwei Therapeutenwechsel in seiner Gruppe statt (Therapeutenwechsel sind in manchen Suchtkliniken bekanntlich nicht gerade selten!); d) es wurden von Seiten der Klinik fast keine Anstrengungen unternommen, Herrn M. und seiner Familie gemeinsame Gespräche (Paargespräche, Angehörigenseminare) anzubieten, obgleich sich in seinem Alkoholismus eine gravierende ungelöste Familienproblematik niederschlägt (fehlende Ablösung vom Elternhaus; Co-Abhängigkeit der Ehepartnerin).

Fazit:

Es ist in Betracht zu ziehen, daß eine Reihe stationärer Rückfälle zu einem gehörigen Ausmaß als Ausdruck ungenügender Behandlung einzustufen sind.

3.2.9 Schließlich ist in Erwägung zu ziehen, daß der Verzicht auf eine Zwangsentlassung und eine sachkundige, engagierte Aufarbeitung von Rückfällen es zumindest einigen Patienten erleichtert, einen eigenen stationären Rückfall, den sie sonst vielleicht verschwiegen hätten, einzugestehen.

3.3 Was nun: Weiterbehandlung oder Entlassung?

Wie so oft, so lautet auch auf diese Frage die Antwort: *Das* optimale Vorgehen bei stationärer Rückfälligkeit gibt es nicht – und wird es wohl nicht geben. Bei einer Reihe von Patienten wird es auch zukünftig sinnvoll sein, nach einem Rückfall die stationäre Behandlung nicht fortzusetzen – etwa aufgrund fehlender Bereitschaft, sich mit dem eigenen Rückfall auseinanderzusetzen oder aufgrund fehlender Motivation für die Therapie insgesamt (vgl. die Auflistung in Abschnitt 3.1). Umgekehrt – so habe ich zu zeigen versucht – ist eine pauschale Zwangsentlassung von

Patienten nicht zu vertreten. Die Gründe dafür wurden genannt, also etwa: die Abstinenzchancen nach der Entlassung verringern sich drastisch, bei Frauen gegen Null; die Entstehungsbedingungen des Rückfalls werden ohne nähere Analyse *einseitig* im Rückfälligen angesiedelt, ohne zum Beispiel den Einfluß institutioneller Gegebenheiten zu berücksichtigen. Deshalb ist zu folgern:

> **Eine pauschale Weiterbehandlung nach Rückfälligkeit ist nicht sinnvoll.** Genausowenig kann eine generelle, ausnahmslose Zwangsentlassung nach stationärer Rückfälligkeit als das Vorgehen der Wahl und schon gar nicht als das optimale Vorgehen bezeichnet werden.

4. Grundsätze für die vorzeitige Entlassung stationär rückfälliger Patienten

Sie persönlich und / oder das Team als Ganzes haben vielleicht entschieden, daß Sie – zumindest derzeit – von der uneingeschränkten Entlassung eines rückfälligen Patienten nicht abgehen möchten. In anderen Einrichtungen entscheidet man sich je nach Lage des Einzelfalles für eine Entlassung. So oder so: Vorzeitige Entlassungen werden auch zukünftig ausgesprochen werden. Die Frage ist aber, wie und mit welchen Folgewirkungen eine solche Entlassung vorgenommen wird. Zu dieser Frage können Ihnen vielleicht die folgenden fünf Grundsätze nützlich sein:

4.1 Vermeiden Sie Rollenkonfusion

Machen Sie gegenüber den Patienten Ihre Doppelfunktion als Therapeut *und* sozialer Kontrolleur deutlich. Legen Sie also den Patienten gegenüber von Anfang an klar, daß Sie zum Beispiel einen im Einzelgespräch anvertrauten Rückfall in das Team weitergeben und ihn insofern nicht „decken" oder verschweigen werden – auch wenn dies für den Patienten unangenehme Konsequenzen nach sich ziehen sollte, wie im Extremfall die vorzeitige Entlassung. Der Patient weiß dann, woran er ist (und entscheidet sich möglicherweise dafür, den Rückfall zu verschweigen) – und Sie haben ebenfalls eine klare Orientierung.

4.2 Geben Sie Rückfällen nicht den Beigeschmack des Bösen, Schlechten oder Krankhaften

Wenn Sie von einer Entlassung nach stationärer Rückfälligkeit Gebrauch machen, so sollten Sie diese respektvoll, nicht moralisierend und nicht emotionalisierend vornehmen, d. h. ohne dem Rückfälligen seinen Rückfall als Versagen oder Scheitern anzukreiden. Eine nichtsanktionierende Entlassungspraxis dürfte die negativen Folgen, die mit einer vorzeitigen Entlassung vermutlich einhergehen (z. B. Festigung der Überzeugung, ein „hoffnungsloser Fall" zu sein), zumindest in Grenzen halten. Das ist natürlich leichter gesagt als getan! Rückfälle ernüchtern, enttäuschen, kränken – auch Therapeuten! (Vgl. Abschnitt 6.) Und diese Gefühle (psychoanalytisch: Gegenübertragungsgefühle) sind nicht so leicht auszuhalten! Rückfälle unverklärt zu sehen, sich nicht vom Strom der eigenen Gefühle „runterziehen" zu lassen und das Geschehen mit dem Patienten bearbeiten zu können: Das ist nicht durch schnelle Einsicht, sondern nur durch geduldige Arbeit an sich selbst und dem eigenen Rückfallverständnis zu erreichen. Uli Gehring und Sabine Herder (in diesem Band) geben eine ganze Reihe von Hinweisen, wie Sie hier weiterkommen können.

4.3 Wirken Sie an der Einleitung der Nachsorge mit

Wünschenswert ist auf jeden Fall, daß der Patient in der stationären Therapie angeregt wird, auch während seiner Therapiezeit den Kontakt zur überweisenden Einrichtung nicht abreißen zu lassen. Dadurch soll seine Schwelle, sich bei einer vorzeitigen Entlassung wieder dort zu melden, herabgesetzt werden. Darüberhinaus sollte die vorzeitige stationäre Entlassung zügig (in maximal zwei bis drei Tagen) und gleichwohl möglichst erst dann vollzogen werden, wenn die Klinik mit der „nachsorgenden" (Beratungs-)Stelle Kontakt aufgenommen und die „Eckpfeiler" der Nachsorgeplanung abgesteckt hat (z.B. Wohnungssuche, Wiedereingliederung am Arbeitsplatz, Schuldenregulierung; Austausch über den erreichten Therapieerfolg und die ggf. notwendige Aufarbeitung von Schuld- und Schamgefühlen usw.). Gewaltandrohungen gegen Mitpatienten, die Gefahr der Weitergabe von Drogen an Mitpatienten u. ä. legen natürlich eine rasche Entlasssung nahe.

4.4 Machen Sie den Rückfall zum Thema

Wenn Sie die Zeit dafür aufbringen (die fehlt bekanntlich im „Suchtalltag" häufig!), ist es sinnvoll, daß Sie den Rückfall und die Entlassung zunächst mit Ihrem Co-Therapeuten bzw. in Ihrem (Klein-)Team besprechen, um selbst zu einer klareren Sicht des Geschehens zu gelangen. Dabei können eine Reihe hilfreicher Rückmeldungen zum Beispiel zu den folgenden Fragen für Sie herauskommen: Haben Sie die gegenwärtige Abstinenzfähigkeit des Patienten überschätzt? Sind Sie auf ihn „sauer"? Reagieren Sie mit Gleichgültigkeit? Ihnen können eigene Verstrickungen, „Anteile", Gegenübertragungsreaktionen – oder wie immer man Ihre Reaktionen nennen mag – deutlich werden, die Ihnen vorher nicht bewußt waren.

Im nächsten Schritt ist es dann sinnvoll, wenn Sie den Rückfall in Ihrer Therapiegruppe zum Thema machen – wenn dies die Gruppenteilnehmer nicht ohnehin von sich aus tun. Damit haben Sie Gelegenheit, das Tabu des Rückfalls zu brechen und die Tendenz von Abhängigen, die Möglichkeit eines *eigenen* Rückfalls weit von sich zu weisen, therapeutisch aufzugreifen. Dazu gehören etwa:

● Verleugnungen: „Mir könnte das (ein Rückfall) nicht mehr passieren!"

● Ängstliche Reaktionen: „Wenn das (der Rückfall) *bei dem* passiert ist – wie soll *ich* es dann schaffen?"

● Projektionen: „Der *wollte* doch saufen!"
(Vgl. auch Körkel und Wohlfarth 1991.)

Der Rückfall verändert zuweilen auch die Atmosphäre einer Gruppe (bzw. ganzen Einrichtung), z. B. in Richtung größerer Bedrückt- oder Gereiztheit. Auch dies kann von Ihnen als Ansatzpunkt genutzt werden, die Rückfallthematik anzusprechen.

4.5 Die Verlegung in eine andere Einrichtung löst das Rückfallproblem nicht grundsätzlich

Einige Fachkliniken verlegen zumindest in Einzelfällen rückfällige Patienten in eine andere Suchtklinik. Dahinter steht die Absicht, das Regelwerk der eigenen Einrichtung aufrechtzuerhalten und gleichzeitig dem Patienten weitere Therapie nicht vorzuenthalten. Dieses Vorgehen ist – soweit der Patient überhaupt „mitspielt" – in einigen Fällen sicherlich sinnvoll.

Die Verlegung eines stationär Rückfälligen in eine andere Fachklinik ist jedoch keineswegs immer eine sinnvolle Maßnahme im Umgang mit stationär Rückfälligen. Mehrere Gründe sprechen nämlich gegen eine derartige Verlegung:

● Die alte Negativsicht des Rückfalls wird weiterhin „mitgegeben" („ich habe versagt").

● Eine Bearbeitung der Hintergründe und Folgen von Rückfällen ist in einer anderen Einrichtung nicht ohne weiteres bzw. nur mit Einschränkungen möglich. Beispielsweise sind der Patient und seine psychische und soziale Dynamik dort so gut wie unbekannt, so daß sie auch nicht so einfach aufgearbeitet werden können.

5. Weiterarbeit mit stationär rückfälligen Patienten

5.1 Weiterarbeit? Vorsicht!

Neuerdings gehen immer mehr Behandlungseinrichtungen dazu über, Patienten nach einem stationären Rückfall nicht *prinzipiell* zu entlassen, sondern zu prüfen, ob eine Weiterbehandlung sinnvoll ist. Aus einem psychotherapeutisch orientierten Rückfallverständnis heraus erscheint dies auch naheliegend.

Vielleicht sind auch Sie der Ansicht, daß eine *grundsätzliche* Entlassung bei stationärer Rückfälligkeit nicht angemessen ist. Das heißt jedoch noch nicht, daß eine Weiterarbeit mit stationär rückfälligen Patienten *von heute auf morgen* angebracht ist – insbesondere dann nicht, wenn in Ihrer Einrichtung bislang prinzipiell alle Rückfälligen entlassen werden. Folgendes ist zu bedenken:

● Suchen Sie zunächst den Austausch mit Ihren Kollegen und Kolleginnen über das Thema des (stationären) Rückfalls. Dabei wird vielleicht zum ersten Mal in aller Deutlichkeit sichtbar, welche konträren Positionen es zu der Frage „Nach Rückfall weiterbehandeln oder entlassen?" gibt. Über diese Frage kommen Sie möglicherweise grundsätzlicher über die Rückfallthematik ins Gespräch und können dadurch Ihre eigenen Ansichten über Rückfälligkeit hinterfragen.

Damit ist eine gute Ausgangsbasis gegeben, auch in Ihrer Arbeit *mit den Patienten* das „Tabu Rückfall" zu brechen bzw. das Thema Rückfall selbstverständlicher, freimütiger, nüchterner, mit weniger Angst und vor allem offensiver in die Therapie einfließen zu lassen. (Vielleicht tun Sie das ja ohnehin schon.)

● Bevor Sie an die Weiterarbeit mit stationär rückfälligen Patienten gehen, sollten verschiedene Voraussetzungen gegeben sein: a) ein psychotherapeutisch ausgerichtetes Behandlungskonzept, b) psychotherapeutisch geschulte, erfahrene Mitarbeiter und c) tatsächliche Entscheidungsfreiheit des Teams über Verbleib oder Entlassung des Patienten (versus Alleinentscheidung durch den leitenden Arzt). Diese Bedingungen erscheinen zumindest dann wichtig, wenn man die Entstehungbedingungen für Rückfälle im psychischen und sozialen Bereich ansiedelt.

● Für die Entwicklung eines neuen Selbstverständnisses im Umgang mit Rückfällen benötigt ein Team Zeit. Ein wirksamer, möglicherweise sogar einheitlicher Umgang mit Rückfällen kann nicht aus dem Ärmel geschüttelt werden. Vergessen Sie das nicht und setzen Sie sich nicht unter Druck in bezug auf Neuerungen! Lassen Sie sich Zeit, in Ihrem Team über Rückfälle und deren Bedeutung zu sprechen – am besten anhand konkreter Rückfälle, die in Ihrer Gruppe auftreten.

● Patienten vermögen es hervorragend, Teams zu spalten (die „bösen" und die „guten" Therapeuten). Ein neuartiger Umgang mit Rückfällen (z. B. Weiterarbeit mit Rückfälligen nach einem einheitlichen Konzept) erfordert einen guten Zusammenhalt im Team und ein gemeinsames Interesse an einem derartigen Konzept. Einzelne Teammitglieder, die am Sinn von stationärer Weiterarbeit mit Rückfälligen zweifeln, lassen sich allerdings erfahrungsgemäß durchaus davon überzeugen – wenn sie sehen und erleben, daß eine derartige Arbeitsweise weiterführt.

● Speziell für die Vorgesetzten (ärztliche und psychologische Leiterinnen und Leiter) sei die Bemerkung gestattet, daß es nicht sinnvoll ist, stationäre Rückfallarbeit „von oben herab" zu „verordnen". Wenn ein Team fachkundig, verantwortungsbewußt und engagiert mit stationär Rückfälligen weiterarbeiten möchte, sollte es die Entscheidung dazu in vielfältigen Gesprächen reifen lassen und dann gemeinsam treffen.

● An die gleiche Adresse (die Klinikinhaber und Vorgesetzten) gerichtet: Stationäre Rückfallarbeit sollte nicht zum Steuerungsventil für die „Bettenkonjunktur" degradieren, so ganz nach dem Motto: Wenn die Klinik überbelegt ist, kommt der Verbleib stationär rückfälliger Patienten nicht in Frage, bei Unterbelegung werden – wie auch immer – alle Rückfälligen weiter „therapiert".

● Kein Therapeut sollte in die Zwangslage gebracht werden, mit einem rückfälligen Patienten weiterarbeiten zu *müssen*! Das Prinzip der Freiwilligkeit sollte weiterhin ein Fundament therapeutischer Arbeit darstellen. Konkret: Ein Therapeut, der aus grundsätzlichen Erwägungen heraus (z. B. als „Ehemaliger") stationäre Rückfallarbeit ablehnt oder der dem Patienten nach einem Rückfall mit Antipathie und Vorbehalten begegnet, sollte nicht zur Weiterarbeit mit dem Patienten genötigt werden.

● In einer Einrichtung, die bislang noch nicht mit stationär Rückfälligen weitergearbeitet hat, erscheint es angebracht, sich an eine derartige Neuerung über Maßnahmen der Organisationsentwicklung langsam heranzutasten. Das kann heißen: spezielle Fortbildungen und Supervisionen mit möglichst *allen* Mitarbeitern zum Thema des (stationären) Rückfalls durchführen (auch das Pflegepersonal und andere nicht therapeutisch arbeitende Mitarbeiter können Rückfallarbeit wirksam boykottieren!); Beratungsstellen, Selbsthilfegruppen und andere kooperierende Stellen einbeziehen, um ein gemeinsames Vorgehen zu erarbeiten und z. B. Auswirkungen auf die Belegungssituation zu bedenken.

5.2 Ziele stationärer Rückfallarbeit

Wenn man die Weiterarbeit mit ausgewählten stationär rückfälligen Patienten in seinem Behandlungskonzept vorsieht, dann ist es übergreifendes Ziel, den Rückfall als „Schlüssel zur Sucht" (Pernhaupt) und als Chance des Neubeginns zu nutzen. Genauer besehen, soll der rückfällige Patient das Folgende erkennen und annehmen lernen:

a) Der Rückfall ist ein Bestandteil der eigenen Abhängigkeit, der einen begleitet hat und begleiten wird (vgl. Körkel und Wohlfarth 1991).
b) Der Rückfall „fiel nicht vom Himmel", sondern er war Folge nachvollziehbarer und beeinflußbarer Bedingungen (z. B. unangenehmer Gefühlszustände).
c) Mit Unterstützung der Therapeuten und Mitpatienten können konkrete Ansatzpunkte für die zukünftige Rückfallvorbeugung erarbeitet werden.

Die Chancen, diese Zielsetzungen zumindest teilweise zu erreichen, sind relativ groß, da sich viele Patienten nach einem Rückfall in einer Phase erhöhter Zugänglichkeit befinden.

Ziel stationärer Rückfallarbeit ist nicht die „Verhätschelung" des Rückfälligen, sondern die ernsthafte Auseinandersetzung mit dem Rückfall, die weder in das Extrem der Bagatellisierung noch das der Katastrophierung des Rückfalls verfallen sollte.

An dieser Stelle sollte auch bedacht werden, daß die Weiterarbeit mit rückfälligen Patienten – systemisch gesehen – immer auch Auswirkungen auf die Mitpatienten hat. Eine positive Auswirkung ist u. a. die, daß die Mitpatienten mit ihren eigenen Rückfallanfälligkeiten stärker in Berührung kommen und anhand der Rückfallaufarbeitung ihres Kollegen auch etwas für die eigene Rückfallvorbeugung lernen können.

5.3 Formen stationärer Rückfallarbeit

Es gibt drei Möglichkeiten, wie man mit stationär rückfälligen Patienten weiterarbeiten kann.

5.3.1 Unveränderte Weiterbehandlung. Wenn man Rückfälle – wie wir – als Symptome und Ausdruck einer weitergehenden psychischen oder sozialen Problematik ansieht, so ist es unzureichend, rückfällige Patienten *ohne* Bearbeitung des Rückfalls weiterzubehandeln. Diese Praxis sollte aufgegeben werden.

5.3.2 Individualisierte Weiterbehandlung ohne formalisiertes Konzept. Einige Einrichtungen orientieren sich in der Rückfallarbeit am Einzelfall, d. h. auf jeden Rückfall wird ganz individuell, ohne festgelegtes Ablaufmodell der Rückfallaufarbeitung reagiert. Wie dies in der eigenen Einrichtung ganz praktisch aussehen könnte, ist vom Team einer Einrichtung selbst zu erarbeiten. Die Größe der Einrichtung, die Vorerfahrungen und therapeutischen Kompetenzen der Mitarbeiter, der für die Rückfallaufarbeitung vorgesehene zeitliche Spielraum u. a. m. sollten dabei berücksichtigt werden.

In den vorliegenden Veröffentlichungen werden positive Erfahrungen mit einem am Einzelfall orientierten Vorgehen berichtet. Wissenschaftliche Erhebungen dazu liegen nicht vor.

5.3.3 Veränderte Weiterbehandlung nach einem festgelegten Rückfallaufarbeitungskonzept. Wir haben auf der Grundlage eigener Praxiserfahrungen ein vierstufiges Modell stationärer Rückfallarbeit entwickelt und erprobt. Dieses Modell kann hier nicht in seinen Einzelheiten dargestellt werden (vergleichen Sie dazu Körkel, Dittmann, Pahlke und Wohlfarth 1988). In den Grundzügen sieht das Vorgehen so aus, daß der Rückfall in vier aufeinander folgenden Gesprächsschritten aufgearbeitet wird:

Im Einzelgespräch mit dem Bezugstherapeuten (1. Schritt), in der Therapiegruppe mit Therapeut, Co-Therapeut und Mitpatienten (2. Schritt), in einer Gesprächsrunde mit dem therapeutischen Team (3. Schritt) und in der Großgruppe aller Patienten und Mitarbeiter (4. Schritt). Die Gesprächsinhalte orientieren sich an den unter 5.1 genannten Zielsetzungen.

Es geht also einerseits um eine möglichst genaue Rekonstruktion des Rückfalls und seiner Hintergründe, andererseits um die Erarbeitung konkreter Maßnahmen der Rückfallvorbeugung für zukünftige Situationen.

Das Modell sieht eine vorzeitige Entlassung des Patienten aufgrund einer Teamentscheidung vor, und zwar unter den folgenden Bedingungen: „fortbestehende massive Verleugnung oder Bagatellisierung des Rückfalls; keine z. Z. entwicklungsfähig erscheinende Abstinenzmotivation; negative/destruktive Einstellung zur Therapie; offenkundige Unehrlichkeit; Verbreiten einer negativen Atmosphäre in der Klinik, etwa durch Prahlen mit dem Rückfall" (Körkel et al. 1988, S. 256).

Im übrigen sei noch erwähnt, daß grundsätzlich eine vorzeitige Entlassung erfolgt, wenn der Patient Alkohol innerhalb des Klinikgeländes konsumiert hat. Damit soll der Charakter der Klinik als Schutzraum insbesondere für die rückfallgefährdeten Mitpatienten nicht angetastet werden.

Auf der Grundlage der mit diesem Modell gesammelten Erfahrungen bleibt festzuhalten (vgl. Wohlfahrt 1991):

● Die Erfahrungen, Rückfallarbeit nach einem festen Konzept zu gestalten, sind grundsätzlich positiv. So herrscht z. B. Klarheit über das Vorgehen, was Mitarbeiter wie Patienten entlastet.

● Die hier vorgeschlagene oder eine der jeweiligen Einrichtung angepaßte Vorgehensweise sollte gemeinsam im Team erarbeitet und auf der Grundlage der gesammelten Erfahrungen weiterentwickelt werden.

● Um ein solches Modell „mit Leben zu füllen" und nicht einfach vier Gesprächsschritte technisch „abzuhaken", ist eine gute fachliche Qualifikation der beteiligten Mitarbeiter notwendig. Das bedeutet auch, daß neue Mitarbeiter systematisch in dieses Rückfallaufarbeitungskonzept eingearbeitet werden müssen.

● Es ist wahrscheinlich, daß bei hoher Mitarbeiterfluktuation das vorgeschlagene Modell zusammenbricht oder nur noch formal aufrechterhalten wird. Ebenso ungünstig wirkt sich ausgeprägte Arbeitsunzufriedenheit der Mitarbeiter aus – auch diese erschwert es, den „Geist" eines solchen Modells zu erhalten.

● Die Entscheidung über Verbleib oder Entlassung eines Patienten sollte im Team – und nicht allein durch die ärztliche Leitung – erfolgen. Erstrangige Bedeutung sollte dabei der Entscheidung des zuständigen Therapeuten zukommen, ob er sich in der Lage sieht, mit dem rückfälligen Patienten weiterzuarbeiten.

● Wenn ein derartiges Rückfallaufarbeitungskonzept nicht zur Farce entarten soll, muß die Entlassung von Patienten aus den oben genannten Gründen tatsächlich möglich sein (und nicht etwa vom ärztlichen Leiter boykottiert werden). Ansonsten handeln Patienten dann, wenn es ohnehin in einer Klinik „drunter und drüber geht", nach dem Motto: „Einmal saufen ist frei!"

● Die Kriterien, aufgrund derer entschieden wird, ob ein Patient nach einem Rückfall entlassen wird, sollten klar festgelegt sein. Dazu gehört Klarheit z. B. in folgenden Punkten: Wie wird mit der Verweigerung von Alco-Tests, mit „unbeabsichtigt" konsumierten alkoholhaltigen Süßigkeiten, dem Leugnen eines Rückfalls bei sehr geringer Promillezahl u. a. m. umgegangen? Das Team sollte sich jedoch offenhalten, von therapeutischen Erwägungen ausgehend einzelfallbezogene Entscheidungen zu treffen. Das ist in kleinen therapeutischen Gemeinschaften leichter zu verwirklichen als in großen Kliniken, in denen der anonyme Strukturrahmen einer Hausordnung erfahrungsgemäß wesentlich starrer gehandhabt wird.

● Ungünstig erscheint es, den Patienten zur Entgiftung aus der Klinik „auszulagern", da sich mit dem Verstreichen der Zeit seine Abwehrmechanismen stabilisieren. Frühzeitige Gespräche direkt nach dem Rückfall sind sinnvoll, um die Verunsicherung und Empfänglichkeit des Patienten für eine aufrichtige Auseinandersetzung mit dem Geschehenen nutzen zu können.

● Systematische Erhebungen zur Effizienz dieses formalisierten Rückfallaufarbeitungskonzepts liegen im übrigen bislang nicht vor. – Wie beurteilen Sie ein solches Vorgehen? Sind in Ihrer Einrichtung günstige Voraussetzungen vorhanden, um ein solches Modell umzusetzen?

6. Was bedeuten stationäre Rückfälle für die behandelnden Therapeuten?

Ist die Reaktion von Therapeuten und Behandlungseinrichtungen auf stationäre Rückfälle Ausdruck eines abgeklärten, nüchternen therapeutischen Kalküls nach dem Motto: Was ist für den/die Patienten am besten? Eigene Erfahrungen aus Fortbildungen in Suchtkliniken haben bei mir einige Zweifel an dieser Sicht aufkommen lassen. Es ist stellenweise erstaunlich, mit welcher Selbstherrlichkeit einige (wenige) Therapeuten jegliches Überdenken der prinzipiellen Zwangsentlassung vom Tisch fegen – zumindest nach außen hin. Auch andere Autoren haben Zweifel an der erwähnten „Abgeklärtheit" geäußert und eine wesentlich größere *persönliche* Betroffenheit von Therapeuten ausgemacht, als dies gemeinhin angenommen wird:

● Rost (1987) ordnet die stationäre Zwangsentlassung nach Rückfall wie folgt ein: „Die Therapeuten schützen sich so vor ihren eigenen Gefühlen der Kränkung und der Enttäuschung; außerdem muß das böse Objekt, das im Rückfall wieder zum Vorschein gekommen ist, in Schach gehalten werden, wie es in der Teambesprechung von Rückfällen besonders die Ehemaligen vehement vertreten. ... Der Rückfall ist ... auch das [Scheitern] des Therapeuten, für den der Rückfall stets Enttäuschung und Kränkung, das Scheitern seiner Bemühungen bedeutet. Mit der Entlassung spaltet er auch eigene Schuldgefühle ab, bearbeitet das Geschehen nicht. Streng analytisch gesehen ist die Reaktion der Entlassung auf den Rückfall ein Agieren des Therapeuten bzw. der Institution, die keine andere Möglichkeit der Bearbeitung des Übertragungs-Gegenübertragungsgeschehens besitzen. Damit schützen sich natürlich Therapeut und Institution zugleich davor, von dem destruktiven Geschehen der Sucht überwältigt und über kurz oder lang ihrer therapeutischen Potenz beraubt zu werden" (S. 226f).

● Ob Zwangsentlassung oder Weiterbehandlung des Patienten: Therapeuten scheinen so oder so bei stationären Rückfällen eine „harte Nuß zu knacken" zu haben (vgl. Beitrag Gehring und Herder, in diesem Band):

a) Therapeuten, deren Patient nach einem stationären Rückfall *nicht* entlassen wird, entwickeln mehr *Gefühle für den Patienten* (Mitgefühl, Besorgnis und Trauer) als Therapeuten, deren Klient nach dem Rückfall vorzeitig entlassen wird.

b) Therapeuten, deren Klient nach dem Rückfall entlassen wird, gehen in eine *stärker resignativ-distanzierte Haltung gegenüber dem Patienten.*

c) Für die Therapeuten, deren Patient nach einem Rückfall in der Klinik verbleibt, wurde folgendes festgestellt: Durch das Vorhandensein eines einheitlichen Rückfallaufarbeitungskonzeptes werden Therapeuten zum einen emotional entlastet, d. h. sie reagieren mit weniger *Schuldgefühlen, Selbstzweifel und Wut* auf den Rückfall. Zum anderen sehen Therapeuten bei Vorhandensein eines klar festgelegten Rückfallaufarbeitungskonzeptes den Rückfall nicht einfach als Mißerfolg und Scheitern, sondern auch als sinnhaftes Geschehen im Rahmen der Lebensgestaltung und Konfliktbewältigung des Patienten.

● Nicht zuletzt aus den gerade angeführten Erwägungen heraus ist in Zukunft eine verstärkte Berücksichtigung des Themas „stationärer Rückfall" in suchtbezogenen Fort-, Aus- und Weiterbildungen wünschenswert.

Statt den Rückfall als Versagen und Scheitern zu begreifen, wäre es auch in stationärer Therapie angeraten, sich ergänzend das Motto zu eigen zu machen: Der stationäre Rückfall ist vielfach ein „Schlüssel zur Sucht" und in diesem Sinne eine Chance.

7. Literaturverzeichnis

Körkel, J. (1991). Der Alkoholrückfall während stationärer Therapie: Forschungsergebnisse, Handlungsstrategien und Perspektiven für die Suchtpraxis. In: J. Körkel, M. Wernado und R. Wohlfahrt (Hrsg.), Umgang mit Rückfällen während der stationären Therapie (S. 3-60). Bonn: Nagel.

Körkel, J., Dittmann, E., Pahlke, B., und Wohlfarth, R. (1988). Grundzüge stationärer Rückfallarbeit. In: J. Körkel (Hrsg.), Der Rückfall des Suchtkranken – Flucht in die Sucht? (pp. 239-267). Berlin: Springer.

Körkel, J., und Wohlfarth, R. (1991). Rückfall – Ein Vorfall, der kein Zufall ist. In: J. Körkel (Hrsg.), Rückfall muß keine Katastrophe sein. Ein Leitfaden für Abhängige und Angehörige. Wuppertal und Bern: Blaukreuz.

Küfner, H., und Feuerlein, W. (1989). In-patient treatment for alcoholism. A multi-centre evaluation study. Berlin: Springer.

Rost, W.-D. (1987). Psychoanalyse des Alkoholismus. Stuttgart: Klett-Cotta.

Watzl, H. (1986). Die Vorhersage des Behandlungserfolges bei alkoholkranken Frauen – eine empirische Untersuchung. München: Röttger.

Watzl, H., Olbrich, R., Rist, F., und Cohen, R. (1986). Placebo-Injektionen und Alkoholkontrollen in der stationären Behandlung alkoholkranker Frauen – eine experimentelle Untersuchung zweier Behandlungsmerkmale. Zeitschrift für Klinische Psychologie, 15, 333-345.

Wohlfahrt, R. (1991). Das 4-Schritte-Modell der stationären Bearbeitung von Alkoholrückfällen. Ein Erfahrungsbericht. In: J. Körkel, M. Wernado und R. Wohlfahrt (Hrsg.), Umgang mit Rückfällen während der stationären Therapie (S. 61-91). Bonn: Nagel.

III.5 Unfähig zur Abstinenz?
Zum Umgang mit einigen Problemgruppen im Alkoholismusbereich

Ralph Wohlfahrth

Inhaltsübersicht

Im Umgang von Beratern, Helfern und Therapeuten mit Alkoholgefährdeten und Alkoholabhängigen ist es ein allgemein anerkanntes Prinzip, auf das Ziel der lebenslangen Abstinenz hinzuarbeiten. Wenn jemand über seinen Alkoholkonsum derart die Kontrolle verloren hat, daß er auffällig wurde und mit Mitarbeitern der Suchthilfe zu tun bekam, ist das nach gängiger Auffassung ein Hinweis darauf, daß dieser Mensch eine Neigung zum Mißbrauch von Suchtmitteln hat, die bei ihm eventuell schon früher im Verborgenen vorhanden war und die lebenslang bestehen wird.

Unabhängig davon, ob man dieses medizinische Modell der Sucht befürwortet oder nicht, erscheint es in der Tat sinnvoll, die konsequente Enthaltsamkeit von allen Rausch- und Betäubungsmitteln als sichersten Schutz vor Rückfällen zu empfehlen. Es gibt jedoch unter der Klientel von Beratungsstellen und Therapieeinrichtungen immer wieder Menschen, die trotz aller Bemühungen nicht willens oder nicht fähig sind, dauerhafte Abstinenz zu erreichen.

165

1. Beschreibung einzelner Problemgruppen

Im folgenden will ich einige Untergruppen beschreiben, deren gemeinsamer Nenner die mangelhafte Abstinenzmotivation ist. Anschließend sollen die Möglichkeiten der Helfer im Umgang mit diesen Menschen diskutiert werden.

a) Zunächst ist in diesem Zusammenhang die relativ große Gruppe der *mehrfachgeschädigten chronischen Alkoholiker* mit langer Trinkkarriere zu nennen. Bei ihnen hat der Alkoholmißbrauch oft zu vielfältigen körperlichen Schäden geführt, wodurch ihre Arbeitsfähigkeit beeinträchtigt ist und damit die Chancen zur Wiedereingliederung sinken. Ein besonders gravierender Aspekt körperlicher Schädigung ist die hirnorganische Beeinträchtigung, die sich in Gedächtnisstörungen, Persönlichkeitsveränderungen und anderem mehr ausdrückt. Schaden erlitten haben in der Regel auch die sozialen Beziehungen, die bei diesen Menschen immer spärlicher werden und sich immer mehr auf Kontakte zu „Saufkumpanen" beschränken.

Wenn diese Menschen in Kontakt mit Helfern kommen, geschieht das oft unter dem Druck äußerer Auflagen (z. B. Arbeitsamt). Man hört dann häufig Beteuerungen, daß man doch trocken werden wolle, die in diesem Moment auch ernst gemeint sein mögen. Oft gab es in der Vorgeschichte zahlreiche Therapieversuche und Entgiftungen, und es hat sich die fatale Routine der „Gewöhnung an das eigene Versagen und Scheitern" eingestellt. Der Helfer schwankt angesichts dessen häufig zwischen Ärger und Ratlosigkeit.

b) Eine ganz andere Gruppe sind die *Jugendlichen und jungen Erwachsenen mit Neigung zu gelegentlichen Alkoholexzessen.* Zu ihnen bekommt man häufig Kontakt, weil sie im Rauschzustand Verkehrsdelikte begangen haben oder an Schlägereien beteiligt waren und z. B. als Bewährungsauflage die Teilnahme an einer Selbsthilfegruppe oder einer stationären Therapie vorgeschrieben bekommen. In etlichen Fällen stellt sich bei genauerem Hinsehen doch eine schwere Suchtproblematik heraus.

Wir wollen uns an dieser Stelle jedoch auf die Personen konzentrieren, die sich z. B. beim Besuch von Discos, Stammtischen und Festen öfters betrinken und dann auffällig werden, die aber sonst ein „normales" Leben führen und auch zu gemäßigtem Trinken fähig sind. Besonders nach unangenehmen Erfahrungen mit der Justiz ist bei ihnen vielfach der ernsthafte Wunsch zu spüren, Abstand vom exzessiven Trinken zu bekommen. Langfristige Abstinenz streben aber nur die wenigsten ernsthaft an. Zu hören sind allerdings oft Lippenbekenntnisse, die abgegeben werden, um die Umwelt (Therapeut, Bewährungshelfer, Eltern usw.) zufriedenzustellen.

c) Menschen in akuten Lebenskrisen greifen bekanntlich oft zum Alkohol, um unerträgliche Gefühle wie Trennungsschmerz, Enttäuschung, Angst und Einsamkeit zu betäuben. Innerhalb weniger Wochen kann so z. B. eine Frau, die auf drastische Weise mit der Untreue ihres Partners konfrontiert worden ist und deren Alkoholkonsum bisher im normalen Rahmen geblieben ist, zur exzessiven Trinkerin werden, die in selbstzerstörerischer Weise den Alkohol in sich hineingießt. Die Frage ist: Welche Art von Hilfe braucht dieser Mensch? Muß hier vorrangig das Alkoholproblem angegangen werden und ist auch hier lebenslange Abstinenz angesagt?

d) Bei etlichen *Menschen mit „chaotischer Persönlichkeitsstruktur"* (etwa den sogenannten Borderline-Persönlichkeiten) ist der Alkoholmißbrauch nur ein Symptom unter vielen und läßt sich isoliert weder betrachten noch behandeln. Zu dieser Gruppe zählen Personen, denen es nicht gelingt, klare Strukturen in ihr Leben zu bekommen, die ständig die Arbeitsstellen wechseln, oft mit dem Gesetz in Konflikt kommen und keine dauerhaften Partnerschaften aufbauen können. Das Trinkverhalten ist hier oft ebenso chaotisch: Nach einer Phase gemäßigten Trinkens oder sogar völligen Verzichts auf Alkohol folgen Exzesse, die nicht selten selbstzerstörerischen Charakter haben. Vielfach liegt ein Mißbrauch verschiedener Rauschmittel vor. Das Ziel der dauerhaften Abstinenz wird manchmal begeistert befürwortet, ebenso schnell dann aber wieder fallengelassen.

e) Als große Gruppe von Alkoholikern, die besondere Probleme mit dem Abstinenzgebot haben, sind schließlich noch die Menschen mit Störungen in der Regulation ihres Selbstwertgefühls *(narzißtischen Störungen)* zu nennen. Sie haben große Schwierigkeiten, eigenes Versagen einzugestehen, sich als krank zu definieren und andere um Hilfe zu bitten. Abstinenz bedeutet für sie zuerst Freiheitseinschränkung, Zwang und Verzicht. Sie versuchen es oft über Jahre hinweg immer wieder mit

„kontrolliertem Trinken", legen Trinkpausen ein und wollen mit allen Mitteln sich und anderen beweisen, daß sie im Grunde keine „richtigen" Alkoholiker sind.

Die hier dargestellten Gruppen sind keineswegs als scharf abgegrenzte Einheiten zu verstehen. Vielmehr überschneiden sie sich untereinander und sind nur extreme Ausprägungen von Konstellationen, die bei einer Vielzahl von Alkoholgefährdeten anzutreffen sind. Zudem gehört es zum Alltag der Suchtarbeit, daß an der Entwicklung und Festigung von Abstinenzmotivation beständig und oft über Jahre gearbeitet werden muß. Dieser Entwicklungsprozeß ist in den meisten Fällen ungleichmäßig; es gibt Stagnationen und Rückschritte, aber manchmal auch unerwartete „Sprünge" nach vorn. Jeder mit längerer Erfahrung auf diesem Gebiet wird Fälle kennen, wo jemand nach jahrelangem Trinken von den meisten schon aufgegeben wurde und dann plötzlich doch den Absprung schaffte und dauerhaft abstinent wurde.

In diesem Zusammenhang müssen wir uns vor Augen halten, daß es noch *zwei weitere Problemgruppen* gibt, von denen wir hauptsächlich durch Erzählungen unserer Klienten erfahren und die in erster Linie den Suchthelfern Probleme bereiten.

Zum einen sind das Menschen, die z. T. über Jahrzehnte Alkoholmißbrauch betreiben, aber aufgrund robuster körperlicher Konstitution, fortdauernder Verstärkung des Trinkens durch die soziale Umgebung (z. B. Bauarbeiter oder Kellner) oder anderer Faktoren ihren Alkoholkonsum angeblich nicht als besonders problematisch empfinden. Ebenso wie sehr viele Raucher z. B. einen neunzigjährigen Großvater aus der Verwandtschaft anführen können, der sein Leben lang starker Raucher war und immer noch gesund ist, können viele Alkoholgefährdete von jemandem berichten, der beispielsweise schon jahrzehntelang täglich acht bis zehn Flaschen Bier trinkt und sich dabei wohlfühlt.

Die zweite Gruppe, die nach den vorliegenden Forschungsergebnissen tatsächlich existiert, aber zahlenmäßig sehr gering zu sein scheint, sind Personen, denen es nach einer längeren Phase süchtigen Trinkens und evtl. einer nachfolgenden Abstinenzphase gelingt, zumindest für längere Zeit wieder maßvoll Alkohol zu trinken.

2. Möglichkeiten der Hilfestellung

2.1 Grundsätzliche Überlegungen

Aus den zuvor aufgezählten Beispielen von Problemgruppen lassen sich einige grundsätzliche Aussagen zum Thema der Suchtgefährdung und den Möglichkeiten der in diesem Bereich engagierten Helfer ableiten.

> **Es gibt keine scharfe Trennungslinie zwischen Abhängigen und Nicht-Abhängigen.**

Vielmehr existieren eine Vielzahl von Übergangsformen, die auch in den älteren Modellvorstellungen etwa von Jellinek (präalkoholische Phase, Alpha-Alkoholismus) schon beschrieben werden. Entsprechend schwierig sind oft auch die Entscheidungen, vor denen Helfer stehen: Ist hier ein vorwiegend suchttherapeutisches Vorgehen mit Entgiftung und (stationärer) Therapie notwenig? Oder braucht der Betreffende vorrangig eine allgemeine Lebensberatung, eine Psychotherapie oder konkrete Unterstützung bei der Bewältigung sozialer Probleme?

> **Die Verläufe von Alkoholmißbrauch und -abhängigkeit sind äußerst unterschiedlich.**

Es gibt zweifellos Menschen, die über Jahre und Jahrzehnte erheblichen Alkoholmißbrauch betreiben, ohne jemals Hilfe in Anspruch zu nehmen oder großen Leidensdruck zu entwickeln. Andererseits gibt es Personen, die ebensoviel trinken und davon innerhalb von zwei Jahren zugrunde gehen. Ich habe es im Verlauf meiner Tätigkeit in der Suchttherapie zunehmend aufgegeben, Prognosen zu stellen, weil ich immer wieder mit positiven wie negativen Entwicklungen bei Patienten konfrontiert worden bin, die ich so nicht erwartet hatte.

Die Schlußfolgerung aus diesen Erfahrungen ist keineswegs, daß Entwicklungen beliebig verlaufen und durch therapeutisches Handeln nicht beeinflußt werden können. Eine wichtige Konsequenz ist vielmehr, Patienten während der stationären Behandlung auf alle möglichen Eventualitäten einschließlich neuer Rückfälle vorzubereiten, auch und gerade dann, wenn sie sehr stabil wirken. Andererseits haben Helfer nicht das Recht, Suchtgefährdeten, die sich ihren Zielvorstellungen nicht unterordnen, den sicheren Untergang zu prophezeien. Sie können z. B. einem

Therapieabbrecher oder jemandem, der keine Gruppe besuchen will, in nüchterner Form die Risiken eines solchen Verhaltens aufzählen – müssen ihm zugleich aber zugestehen, daß er möglicherweise den für ihn besten Weg geht und mit seiner Methode Erfolg hat. Wie schon erwähnt, kann das in einigen Fällen auch heißen, daß jemand weitertrinkt.

> **Wir dürfen die Augen nicht davor verschließen, daß es einigen Alkoholikern gelingt, zu gemäßigtem Trinken zurückzufinden.**

In den Gesprächen und Phantasien von Alkoholikern hat bekanntlich der Wunsch nach Rückkehr zu gemäßigtem Trinken einen hohen Stellenwert. Man greift begierig alle Informationen oder Geschichten auf, welche die Existenz einer solchen Möglichkeit zu belegen scheinen. Die Helfer reagieren hingegen sehr häufig mit dem Argument: „Wenn einer das schafft, dann war er eben kein richtiger Alkoholiker."

Diese Abwehrhaltung, die Helfern wie Alkoholgefährdeten die Sicherheit vermitteln soll, daß nicht sein kann, was nicht sein darf, erscheint mir kurzsichtig. Ebenso wie es einige Neunzigjährige geben mag, die stark rauchen und trotzdem gesund sind (was aber nichts an der Schädlichkeit des Rauchens ändert), gibt es eben auch auf dem Gebiet des Alkoholismus solche Ausnahmen. Anstatt deren Existenz zu bestreiten, sollte man vielmehr fragen: „Wieso glauben Sie, daß ausgerechnet Sie zu diesen wenigen Ausnahmen gehören? Lohnt sich angesichts der geringen ‚Erfolgswahrscheinlichkeit' das Experiment des erneuten Trinkens?" So läßt sich das Thema für den therapeutischen Prozeß produktiv verwenden.

Aus der Vielfalt der Verläufe und Erscheinungsformen läßt sich schließlich noch ein weiterer Grundsatz ableiten:

> **Entsprechend der großen Unterschiede zwischen den verschiedenen Gruppen von Suchtgefährdeten und Abhängigen bedarf es eines differenzierten Beratungs- und Behandlungsangebots.**

Auf die praktischen Folgerungen aus dieser Forderung wird weiter unten genauer eingegangen.

2.2 Das Ideal der Abstinenz

Ich habe schon zu Beginn meines Beitrags betont, daß vermutlich unter allen im Suchtbereich Tätigen Einigkeit darüber besteht, daß für einen Suchtgefährdeten die Abstinenz die zuverlässigste Methode der Verhinderung neuerlichen Abgleitens in Mißbrauch und Abhängigkeit darstellt. Das Idealziel der lebenslangen Abstinenz erreicht jedoch – wie auch Körkel in seinem Beitrag in diesem Buch (Kapitel I) nachweist – nur eine Minderheit. Ich halte es deshalb für sehr wichtig, wie mit dieser Zielsetzung der Abstinenz umgegangen wird. Ideale können kalt und in ihrer Unerreichbarkeit bedrückend sein, können aber auch als Orientierung, Fernziele oder „Leitsterne" eingebracht werden.

In den meisten Fällen hat jemand mit Alkoholproblemen, der in Kontakt mit einem Helfer kommt, erhebliche Zweifel und Widerstände gegen das Ziel der Abstinenz. Diese bleiben oft im Verborgenen.

Grundsätzlich soll der Rat- und Hilfesuchende (auch und gerade, wenn er fremdmotiviert ist) mit seinen Zweifeln am Ziel der dauerhaften Abstinenz ernstgenommen werden.

Er soll in einem vertrauensvollen Gespräch die Zweifel äußern können, ohne deswegen gleich auf Tadel und Kritik zu stoßen. Es mag vielleicht schnell gelingen, einen jugendlichen Disco-Trunkenheitsfahrer oder einen jahrelang trinkenden Nichtseßhaften durch entsprechenden Druck zur Ablegung eines „Abstinenzgelübdes" zu bringen. Auf der Strecke bleibt aber dann die Ehrlichkeit.

Wir sollten als Helfer nicht nur das eine Ziel der lebenslangen Abstinenz propagieren und alle anderen Möglichkeiten entwerten.

Vielmehr gilt es in jedem Einzelfall genau zu prüfen: Welche Hilfestellung braucht dieser Mensch? Welche Ziele und Zwischenziele sind seinen Möglichkeiten angemessen?

Hinsichtlich des Idealziels der dauerhaften Abstinenz scheint mir ein abgestuftes Vorgehen realistisch zu sein:

1. Für die Gruppe der mehrfachgeschädigten chronischen Alkoholiker sowie für Menschen mit lebensbedrohlichen Folgeschäden oder Risiken bei Fortsetzung des Trinkens und für alle, die über einen Zeitraum von mehreren Jahren einen ständigen Kampf mit dem Alkohol führen, gilt die *dringende Empfehlung der dauerhaften Abstinenz* als sinnvollste Zielsetzung. Zugleich ist es hier aber notwendig, Zwischenziele wie etwa die Vergrößerung oder zunächst nur Stabilisierung der rückfallfreien

Intervalle ins Auge zu fassen, weil der Abstand zwischen Ideal und Realität oft besonders groß ist.

2. Alle, die noch keine ausgeprägten Abhängigkeitssymptome aufweisen, etwa die sogenannten Konflikt- und Erleichterungstrinker, die Jugendlichen, die nur in der Gruppe exzessiv trinken, oder Menschen, die unter Alkohol zu Straftaten neigen, sollten dazu *eingeladen werden, es eine Zeitlang ohne Alkohol zu probieren.* Das enthält auch den Verzicht auf langfristige Perspektiven, denn die Aussicht auf „nie mehr Alkohol" wird oft als bedrückend empfunden. Das Interesse an Abstinenz wird oft eher durch Aufzählen der Vorteile (mehr Fitness, klarer Kopf, mehr Chancen bei Partnersuche usw.) geweckt, als durch Hervorheben der abhängigkeitsbedingten Schäden und düstere Prognosen im Falle des Weitertrinkens.

3. Für eine Reihe von Menschen mit Alkoholproblemen erscheint ein traditionell suchttherapeutisches Vorgehen, welches sich auf die sofortige Herstellung und Festigung von Abstinenz konzentriert, weniger geeignet. Hierzu zählen z. B. Personen, bei denen akute seelische Erkrankungen im Vordergrund stehen und vorrangig behandelt werden müssen und die noch keine längere Alkoholkarriere haben. Für sie kann eine konfrontative, auf „Kapitulation" vor dem Alkohol abzielende Therapie eine Belastung darstellen, die ihren Zustand nur weiter verschlimmert. Auch die Angehörigen der oben dargestellten Gruppe c), die in plötzlich auftretenden Lebenskrisen die Flucht in den Alkohol antreten, brauchen in erster Linie Unterstützung bei der Bewältigung der jeweiligen Krise. Schließlich ist auch bei Gruppe b), den jüngeren Menschen mit Auffälligkeiten in der Folge von gelegentlichem Rauschtrinken, ein abstinenzorientiertes Vorgehen nicht sehr erfolgreich (Alternativen siehe unten).

Die „Einladung zur Abstinenz" sollte in allen diesen Fällen zwar auch ausgesprochen werden, ansonsten aber nicht im Zentrum der Interventionen stehen – es sei denn, der Betreffende entwickelt selber Interesse an dieser Frage.

2.3 Abstinenzbereitschaft: Voraussetzung oder Entwicklungsziel?

Eine äußerst schwierige Frage ist, ob es hilfreich sein kann, einen Alkoholiker ohne Abstinenz- und Behandlungsmotivation durch Druckmittel wie Kündigungsdrohung oder Auflagen von Arbeitsamt, Gericht usw. zu einer Behandlungsmaßnahme zu zwingen. Ich habe in vielen Fällen verfolgen können, wie solche Menschen voller Wut und Ablehnung ihre stationäre Behandlung angetreten haben und sich im Verlauf von sechs Monaten grundlegend gewandelt und eine solide Abstinenzmotivation erarbeitet haben. Zugleich konnte ich aber auch erleben, daß z. B. manche jüngere Patienten mit kriminellem Hintergrund (wiederholte Straftaten im Rauschzustand) keinen positiven Zugang zu der angebotenen abstinenzorientierten Therapie finden konnten und durch ihre destruktive Einstellung die Atmosphäre der Klinik erheblich belasteten. Diese gesamte Problematik der Selektion von Patienten vor oder während der Therapie erscheint mir derzeit noch weitgehend ungeklärt; sie soll in diesem Rahmen auch nicht weiter diskutiert werden. Festzuhalten ist jedoch:

> **Bei vielen Alkoholikern entwickeln sich Behandlungs- und Abstinenzmotivation erst im Laufe einer Therapie. Umgekehrt ist gute Motivation vor Antritt einer Behandlung keineswegs eine Garantie für deren Erfolg.**

2.4 Möglichkeiten und Grenzen des therapeutischen Handelns

Ich möchte auf die am Ende des Abschnitts 2.1 aufgestellte Forderung nach differenzierten Beratungs- und Behandlungsangeboten entsprechend der Vielfalt der Erscheinungsformen von Mißbrauch und Abhängigkeit von Alkohol zurückkommen. Zwei Fragen erscheinen mir wichtig:

> **Welche Art von Hilfestellung braucht dieser Klient?**
> **Habe ich die Kompetenzen, die Möglichkeiten und die institutionelle Freiheit, ihm diese Hilfestellung anzubieten?**

Die Antworten auf diese Fragen werden je nach Klient, Institution und Therapeut/Berater sehr unterschiedlich ausfallen. Manche Gruppen, Einrichtungen usw. sind auf den Umgang mit Nicht-Abstinenzmotivierten überhaupt nicht eingestellt, andere haben einen Ansatz, der z. B. eine Verlagerung des Schwerpunkts von Suchtberatung auf allgemeine Lebensberatung zuläßt.

Ich möchte nachfolgend aufzählen, welche Möglichkeiten der Hilfestellung über die abstinenzorientierte Suchttherapie hinaus zu erwägen sind, wobei keine Vollständigkeit beansprucht werden soll. Im konkreten Einzelfall sind zudem zahllose weitere Varianten von Kooperation mit anderen Stellen über Weitervermittlung des Klienten bis zu Veränderungen der eigenen Behandlungsstrategie denkbar.

2.4.1 Psychotherapie. Zunächst ist zu betonen, daß viele Suchttherapeuten psychotherapeutische Weiterbildung absolviert haben und sich zu Recht als Psychotherapeuten verstehen. Ich spreche hier jedoch von Psychotherapie, die das Thema Alkohol hintanstellt und sich den dahinterliegenden seelischen und sozialen Problemen widmet. Das können Verfahren der Einzel- und Gruppentherapie, Paar- und Familientherapie, Formen der Krisenintervention und weiteres sein. Nichtabstinenzorientierte Psychotherapie kann etwa sinnvoll sein bei

● leichteren Formen des Alkoholmißbrauchs bei gleichzeitigen neurotischen Problemen,

● kürzer andauerndem (auch schwerem) Alkoholmißbrauch als Reaktion auf eine unbewältigte Lebenskrise,

● (mehrmaliger) erfolgloser Teilnahme an abstinenzorientierten Therapiemaßnahmen, z. B. bei narzißtisch Gestörten, die „alles schon kennen",

● den oben erwähnten Menschen mit „chaotischer Persönlichkeitsstruktur".

2.4.2 Weitere Hilfsangebote insbesondere für chronische Alkoholiker. Für die oben schon beschriebene Gruppe der mehrfachgeschädigten chronischen Alkoholiker, bei denen man in vielen Fällen wirklich von Unfähigkeit zu dauerhafter Abstinenz reden kann, gibt es noch relativ wenig Hilfsmöglichkeiten. Es fehlt vor allem an Wohn- und Arbeitseinrichtungen, wo mit den oft unvermeidlichen gelegentlichen Rückfällen adäquat (d. h. nicht mit sofortiger Entlassung) umgegangen wird.

Wenn der Betreffende (ob er nun dieser speziellen Gruppe angehört oder nicht) derzeit nicht in der Lage ist, von einem abstinenzorientierten Therapieangebot zu profitieren, sind als Alternativen in Betracht zu ziehen:

● Unterstützung durch *aufsuchende Kontakte*, z. B. sozialpsychiatrischen Dienst. Das hat u. a. den Vorteil, daß bei Bedarf eine fachärztliche Hilfestellung schnell verfügbar ist.

● Angebot von *sozialer Unterstützung,* die auf die Beseitigung möglicher Ursachen und Folgeerscheinungen des Trinkens abzielt, etwa Schuldnerberatung, Vermittlung eines beschützten Arbeitsplatzes, Maßnahmen der Familienfürsorge und Erziehungshilfe oder Hilfe bei Behördenangelegenheiten.

● *Gesprächskontakte* im Sinne einer „Begleitung", ohne daß Abstinenz dafür Voraussetzung oder schnellstmöglich anzustrebendes Ziel sein muß. Sinnvoll ist jedoch in vielen Fällen, Bedingungen zu vereinbaren, etwa Voranmeldung oder kein Erscheinen in volltrunkenem Zustand.

● Besonders bei zunehmender körperlicher Schädigung und ernsthaftem Risiko der Selbstgefährdung ist der Vorschlag einer *Entgiftungsbehandlung* zu erwägen. Geeignet sind dafür oft die Suchtabteilungen von psychiatrischen Krankenhäusern, wo Motivationsprogramme für Langzeittherapien oder eigene Kurzzeittherapien angeboten werden und der Betreffende Informationen über seinen Gesundheitszustand erhält, die in manchen Fällen einen „heilsamen Schock" auslösen können. Auch Nicht-Abstinenzmotivierten kann man dieses Angebot als Chance nahebringen, um zumindest einen vorübergehenden Abstand zum Alkohol zu bekommen.

● Vermittlung in eine auf diesen Personenkreis spezialisierte *therapeutische Einrichtung.* Die Möglichkeiten sind allerdings begrenzt und in der Qualität sehr unterschiedlich. Zumeist sind es arbeitstherapeutisch orientierte Heime, die sowohl die Möglichkeit zu dauerhaftem Aufenthalt bieten als auch bei geeigneten Personen die Wiedereingliederung und die selbständige Lebensführung fördern.

Auch bei gewisser Toleranz gegenüber Rückfällen legen solche Einrichtungen sinnvollerweise Wert auf ein alkoholfreies Milieu, setzen also die Fähigkeit voraus, zumindest einige Zeit ohne Alkohol leben zu können. Es kommt öfters vor, daß Alkoholiker die Teilnahme an einer Entwöhnungsbehandlung ablehnen, der Vermittlung in eine solche Einrichtung aber zustimmen.

Die genannten Möglichkeiten sind z. B. auch bei Menschen mit Persönlichkeitsstörungen und Sozialisationsdefiziten in Betracht zu ziehen. Sie benötigen oft eine Kombination aus psychotherapeutischer und sozialtherapeutischer Hilfestellung, während ein primär abstinenzorientiertes Vorgehen sie häufig überfordert. Profitieren können sie zuweilen auch von nicht abstinenzorientierten Selbsthilfegruppen wie den Emotions Anonymous (EA).

2.4.3 Hilfsmöglichkeiten für die „gelegentlichen Rauschtrinker". Einen Sonderfall stellen meines Erachtens die oben unter b) beschriebenen zumeist jüngeren Rauschtrinker dar, die vor allem durch Gesetzesverstöße auffällig werden. Es wurde schon erwähnt, daß unter ihnen etliche „echte" Alkoholiker oder Mehrfachabhängige zu finden sind, die trotz anfänglicher Widerstände von einer abstinenzorientierten Therapie profitieren können – und sei es im Sinne eines vorübergehenden Abstands zum Alkohol. Andere mögen den Menschen mit Persönlichkeitsstörungen, z. B. vom Borderline-Typ, zuzurechnen sein, insbesondere wenn sie eine längere kriminelle Karriere hinter sich haben. Auch hier ist Abstand zum Alkohol bei gleichzeitigen psychosozialen Unterstützungsmaßnahmen die beste Zielsetzung.

Es gibt jedoch auch eine Gruppe, bei der angesichts guter sozialer Integration das Trinken in Gesellschaft, Leichtsinn und Unterwerfung unter Trinkrituale der Gruppe (Disco-Clique, Verein, Bundeswehr usw.) im Vordergrund stehen. Diese Motive spielen offenbar auch bei einem gewissen Teil älterer Personen eine tragende Rolle, die durch Alkohol im Straßenverkehr auffallen. Für diesen Personenkreis, wo selten Bereitschaft zu dauerhafter Abstinenz besteht, erscheinen Angebote von *Trainingskursen* sinnvoll, in denen das eigene Sozial- und Trinkverhalten kritisch überprüft und per Gruppengespräch, Rollenspiel usw. verändert werden soll. Ziel ist die Einübung eines achtsameren und verantwortungsbewußteren Umgehens mit Alkohol sowie eine Stärkung der Fähigkeit, sich Trinkritualen zu widersetzen. Solche Kurse werden z. B. in einigen Regionen vom TÜV angeboten.

3. Zur Grundhaltung des Helfers

> **Der Umgang mit Suchtgefährdeten und Abhängigen, die sich die Zielsetzung der dauerhaften Abstinenz nicht zu eigen machen, ist eine Herausforderung für den Helfer.**

Er stößt an die Grenzen seiner Möglichkeiten und erlebt Gefühle wie Resignation, Wut, Gleichgültigkeit, Ratlosigkeit oder Zweifel an der eigenen Kompetenz. Richtig verarbeitet – z. B. in einer Supervision oder in eigener therapeutischer Selbsterfahrung – können solche Erfahrungen gerade für Helfer im Suchtbereich jedoch wichtige Lernprozesse in Gang setzen (vgl. Beitrag Gehring und Herder, in diesem Band).

Vor allem können sie dazu verhelfen, etwaiges Schwarz-Weiß-Denken nach dem Motto: „Lebenslange Abstinenz oder Untergang" in Frage zu stellen. In den großen Langzeitstudien über Suchtverläufe stellt sich mehr und mehr heraus, daß diejenigen, die nach Beendigung einer Therapiemaßnahme konsequent über Jahre und Jahrzehnte abstinent bleiben, nur eine Minderheit darstellen. Bei vielen sieht die Realität eher so aus, daß sich gelegentlich Rückfälle ereignen, daß phasenweise „kontrolliertes Trinken" versucht wird, im Gefolge von Lebenskrisen wieder

Zeiten exzessiven Trinkens zu verzeichnen sind und zwischendurch über längere Zeit Abstinenz eingehalten wird. Etlichen gelingt es, sich so über längere Zeit „durchzuwursteln" und ihren Arbeitsplatz sowie ihre sozialen Beziehungen zu erhalten. Das bedeutet aber nicht, daß sie nicht auch gelegentlich Unterstützung brauchen, wenn das Trinken wieder eskaliert.

In solchen Fällen ist es nützlich, wenn der Helfer die dauerhafte Abstinenz als erstrebenswertes Idealziel immer wieder ins Gespräch bringt, ohne jedoch alles, was diesem Ideal nicht entspricht, abzuqualifizieren.

> **Für viele chronische Alkoholiker ist es schon ein wichtiger Fortschritt, wenn sich die rückfallfreien Intervalle vergrößern oder wenn sie selbstzerstörerische Trinkexzesse vermeiden und ihre Trinkmenge zunächst reduzieren.**

Ermahnungen und Ratschläge bezüglich ihres Trinkverhaltens hören Alkoholiker von allen Seiten. Der Helfer sollte sich nicht so einfach in diesen Chor einreihen. Er sollte vielmehr versuchen, sich dem Symptom des Alkoholmißbrauchs mit dem Bemühen um Verstehen und mit dem Respekt vor einem Verhalten zu nähern, welches in den meisten Fällen einen spezifischen Sinn hat und welches für die Betroffenen oft das einzig verfügbare Mittel zur Bewältigung unlösbar erscheinender Konflikte war und ist.

> **„Akzeptierende Arbeit", das Angebot von Begleitung und Unterstützung, ohne Abstinenz zur Vorbedingung zu machen, ist im Umgang mit vielen Menschen aus den genannten Problemgruppen als beste Methode anzusehen.**

Sie kann es Helfern wie Betroffenen ermöglichen, mit Rückfällen gelassener umzugehen und sie nicht in jedem Fall als deprimierende Niederlage zu werten. Den Betroffenen kann sie die Möglichkeit bieten, sich im Kontakt mit dem Berater oder Therapeuten von seiner Widerstandshaltung gegen den von allen Seiten kommenden Abstinenzdruck zu lösen und Eigenmotivation für ein alkoholfreies Leben zu entwickeln.

Weitere Bücher aus dem Blaukreuz-Verlag Wuppertal und dem Blaukreuz-Verlag Bern

Joachim Körkel (Hrsg.)
Rückfall muß keine Katastrophe sein
Ein Leitfaden für Abhängige und Angehörige
3. Auflage
104 S., Paperb., Illustrationen, z. Z. DM 19,80 / öS 145,– / sFr. 20,–

Rückfälle werden oft verschwiegen, gedeckt, bagatellisiert oder scharf geahndet. Doch damit ist Betroffenen und Mitbetroffenen nicht gedient. Hilfreich und weiterführend ist statt dessen, den Rückfall konstruktiv zu bewältigen und Ansatzpunkte dafür zu finden, eine Wiederholung zu verhindern. Dieser Leitfaden will dazu praktische Wege weisen – nicht nur für Alkohol-, sondern auch für Drogen-, Medikamenten-, Eß- oder Spielsüchtige und deren Angehörige.

Eberhard Rieth
alkoholkrank?
Eine Einführung in die Probleme des Alkoholismus
für Betroffene, Angehörige und Helfer
12. Auflage
172 S., Pb., Illustrationen, z. Z. DM 21,80 / öS 187,– / sFr. 22,–

Können Alkoholiker geheilt werden? Allgemeinverständlich werden Hilfen zum Verständnis des Suchtkranken gegeben. Das Buch zeigt bewährte Wege zur Gesundung des Alkoholkranken und leitet Helfer und Angehörige zu neuer Partnerschaft an.

Dorette Constam
Befreiung aus dem Hungerturm
Hilfe für Magersüchtige
2. Auflage
168 Seiten, Paperback, z. Z. DM 21,80 / öS 179,– / sFr 21,–

Die Autorin bearbeitet das Problem Magersucht vom Standpunkt der christlichen Seelsorge aus und setzt sich gleichzeitig mit psychologischen Ansichten auseinander. Sie will aber auch Wege zur Heilung aufzeigen. Sie bezieht eigene Erfahrungen und solche anderer Betroffener mit ein. Dieses Buch richtet sich in erster Linie an direkt oder indirekt Betroffene, an ihre seelsorgerlichen und therapeutischen Bezugspersonen, ihre Angehörigen und Freunde.

Weitere Bücher aus dem Blaukreuz-Verlag Wuppertal und dem Blaukreuz-Verlag Bern

Hans Klein

Sie trinken jetzt nicht mehr, aber ...
Beratungsgespräche mit Angehörigen von
ehemals Alkoholabhängigen
3. Auflage
152 Seiten, Paperback, z. Z. DM 19,80 / öS 145,– / sFr. 20,–

Ist ein Alkoholiker „trocken" geworden und lebt jetzt alkoholfrei, sind damit noch nicht alle Probleme für ihn und seine Angehörigen gelöst. Die Praxis beweist: Oft sind Angehörige in der Zeit danach genauso hilflos wie während der Trinkphase. Die hier vorliegenden Gespräche wollen verständnisvoll Rat und Hilfe bieten.

Ernst Rienecker/Sabine Werther
... dann fange ich ein neues Leben an
Geschichte einer Befreiung
3. Auflage
96 Seiten, Taschenbuch, z. Z. DM 10,80 / öS 79,– / sFr. 11,–

In diesem fesselnden Lebensbericht beschreibt der Autor seinen Werdegang und die Umwandlung seines Lebens durch Jesus. Dabei wäre der ehemalige U-Boot-Fahrer an seinem schwersten Kampf – gegen die Alkoholsucht – fast zerbrochen. Dieses Buch ermutigt zu einem alkoholfreien Leben mit Gottes Hilfe.

Karl Lask
Der Kuß der Selene
Frauen von Alkoholabhängigen machen Mut
3. Auflage, 128 Seiten, Paperback, Illustrationen,
z. Z. DM 19,80 / öS 145,– / sFr 20,–

„Ach, was müssen Sie glücklich sein, daß Ihr Mann nicht mehr trinkt!" ist nur zu oft eine irrige Annahme. Denn trotz der Abstinenz des Partners kann es handfeste Probleme in der eigenen Partnerschaft geben. Der Autor rahmt die Palette dieser Berichte durch einleitende und abschließende Gedanken ein. Dadurch ist ihm eine inhaltliche und zugleich erzählerische Dichte gelungen, die den Leser nicht unberührt läßt.

$$4 \cdot 125$$
$$4 \cdot 5$$
$$25 \cdot 20$$
$$20 \cdot 8$$
$$560$$